Žan-Filip Tusen
KUPATILO

I0151293

REČ I MISAO
KNJIGA 566

Urednik
JOVICA AĆIN

Sa francuskog prevela
MILICA STOJKOVIĆ

ŽAN-FILIP TUSEN

KUPATILO

Roman

IZDAVAČKO PREDUZEĆE „RAD"
BEOGRAD

Kvadrat nad hipotenuzom jednak je zbiru kvadrata nad obe katete.

Pitagora

PARIZ

1) Kada sam počeo da provodim popodneva u kupatilu, nisam računao da ću se tu nastaniti; ne, tu su mi proticali prijatni sati, dok sam meditirao u kadi, ponekad obučen, jednako često go. Edmondson, koja je rado boravila uz moje uzglavlje, smatrala je da sam vedriji; događalo mi se da se šalim, smejali smo se. Govorio sam sa velikim pokretima, nalazeći da su najpraktičnije kade one sa paralelnim ivicama, nagnutog dela za leđa, i ravnog dna koje korisnika lišava potrebe za štitnikom koji sprečava klizanje.

2) Edmondson je mislila da ima nečeg isušujućeg u mom odbijanju da napustim kupatilo, ali je to nije sprečavalo da mi olakšava život, starajući se za potrebe domaćinstva tako što je radila pola radnog vremena u jednoj likovnoj galeriji.

3) Oko mene su bili plakari, stalci za peškire, bide. Lavabo je bio beo; nad njim je visila poličica na kojoj su stajale četkice za zube i brijači. Zid preko puta mene, prekriven grudvicama, počeo je da se ljušti; pukotine su tu i tamo napravile rupe u farbi bez sjaja. Jedna pukotina kao da je zauzimala prostor. Satima sam vrebao njene krajeve, pokuša-

vajući uzalud da joj iznenadim napredovanje. Ponekad bih pokušao druge eksperimente. Nadzirao sam površinu svog lica u džepnom ogledalcu i, paralelno, kretanje kazaljke mog ručnog sata. Ali moje lice nije odavalo ništa. Nikada.

4) Jednog jutra, otkinuo sam uže za sušenje veša. Ispraznio sam sve plakare, oslobodio police. Pošto sam nagomilao sve toaletne proizvode u veliku kesu za smeće, počeo sam da premeštam deo moje biblioteke. Kada se Edmondson vratila, dočekao sam je sa knjigom u ruci, ležeći, nogu prekrštenih na slavini.

5) Edmondson je na kraju obavestila moje roditelje.

6) Mama mi je donosila kolače. Sedeći na bideu, sa velikom otvorenom kutijom smeštenom među nogama, ređala je poslastice u tanjir za supu. Primetio sam da je zabrinuta, od kad je stigla izbegavala je moje poglede. Podigla je glavu sa nesnosnom tugom, htela je nešto da kaže, ali je ćutala, izabravši ekler koji je smazala. Trebalo bi da se razonodiš, reče mi, da se baviš sportom, šta ja znam. Obrisala je ugao usana svojom rukavicom. Odgovorio sam da mi potreba za razonodom deluje sumnjivo. Kada sam, skoro sa smeškom, dodao da se ničega ne bojim manje nego promena, uvidela je da se sa mnom o tome ne može razgovarati i, mahinalno, pružila mi jednu krempitu.

7) Dvaput sedmično, slušao sam radijski pregled dnevnih događaja na fudbalskom prvenstvu Francuske. Emisija je trajala dva sata. Iz pariskog studija, voditelj je orkestrirao glasove specijalnih izveštača koji su pratili susrete na različitim stadionima. Budući mišljenja da je fudbal još bolji kada se zamišlja, nisam nikada propuštao te sastanke. Uljuljkan toplim ljudskim glasovima, slušao sam reportaže sa ugašenim svetlom, ponekad zatvorenih očiju.

8) Jedan pijatelj mojih roditelja, koji je u prolazu došao u Pariz, svratio je da me poseti. Od njega sam saznao da pada kiša. Pružajući ruke prema lavabou, ponudio sam mu da uzme peškir. Bolje žuti, drugi je prljav. Sušio je kosu, dugo, pažljivo. Nisam znao šta hoće od mene. Kako je zavladala tišina, ispričao mi je novosti o svojim poslovnim delatnostima, objašnjavajući mi da su teškoće sa kojima se sudarao nepremostive, jer su povezane sa nepodudarnostima raspoloženja među osobama istog hijerarhijskog nivoa. Igrajući se nervozno mojim peškirom, hodao je velikim koracima duž kade i, uzbuđen svojim rečima, delovao je sve nepopustljivije. Pretio je, drao se. Na kraju je zaključio da je Lakur neodgovoran! Ja pokušavam nemoguće, govorio je, nemoguće! I nikog nije briga.

9) Nosio sam jednostavnu odeću. Pantalone od belog platna, plavu košulju i jednobojnu kravatu. Tkanine su tako laskavo padale na moje telo da sam, potpuno obučen, delovao mišićavo, na fin i

moćan način. Ležao sam, opušteno, zatvorenih očiju. Sanjao sam belu gospu, poslasticu, kuglu sladoleda od vanile preko koje je preliven sloj vrele čokolade. Već nekoliko nedelja sam razmišljao o njoj. Sa naučne tačke gledišta (nisam sladokusac), video sam u toj mešavini znak savršenstva. Jednog Mondrijana. Slasna čokolada na zaleđenoj vanili, toplo i hladno, čvrstina i tečnost. Neravnoteža i krutost, preciznost. Piletina, uprkos svoj nežnosti koju joj posvećujem, nije dostojna poređenja. Ne. Skoro da sam zaspao kada je Edmondson ušla u kupatilo, okrenula se na peti i pružila mi dva pisma. Jedno od njih je bilo iz ambasade Austrije. Otvorio sam ga pomoću češlja. Edmondson, koja mi je čitala preko ramena, podvuče moje ime na pozivnici. Kako nisam poznavao ni Austrijance ni diplomate, rekoh da je verovatno po sredi greška.

10) Sedeći na ivici kade, objašnjavao sam Edmondson da možda nije baš zdravo, sa dvadeset sedam godina, uskoro dvadeset devet, živeti manje-više samotnjački u kadi. Morao sam da rizikujem, rekao sam oborenog pogleda, milujući emajl na kadi, da rizikujem da ugrozim mir svog apstraktnog života zato što. Nisam završio rečenicu.

11) Sutradan sam izišao iz kupatila.

12) Kabrovinski. A vaše ime? upitao sam. Vitold. Bio je to čovek sede kose, u sivom odelu, sedeo je u mojoj kuhinji, s muštiklom u ruci. Jedan mlađi čovek je stajao iza njega. Kabrovinski se

diže u jednom skoku i ponudi mi svoju stolicu. Mislio je da je sam u kući, bio je zbunjen, izvinjavao se. Da bi opravdao svoje prisustvo u mom stanu, uslužno mi je objasnio da ga je Edmondson zamolila da okreči kuhinju. Znao sam za to. Likovna galerija u kojoj je Edmondson radila trenutno je izlagala dela poljskih umetnika. Pošto su bili bez prebijene pare, Edmondson mi je objasnila da možemo da to iskoristimo tako što ćemo im dati da okreče kuhinju i platiti im manje.

13) Proveo sam miran dan, uznemiren u svojem bazanju prisustvom dvojice Poljaka koji nisu izlazili iz kuhinje, strpljivo čekajući boju koju je Edmondson zaboravila da im nabavi. S vremena na vreme, Kabrovinski bi mi pokucao na vrata i, glave u odškrinutom otvoru, postavljao pitanja na koja sam učtivo odgovarao da o tome ništa ne znam. Već nekoliko minuta ih višc nisam čuo. Sedeći na krevetu, leđa naslonjenih na jastuk, čitao sam. Ulazna vrata su lupila, digoh glavu. Trenutak kasnije, pojavila se Edmondson, ozarenog lica. Htela je da vodi ljubav.

14) Sada.

15) Da vodimo ljubav sada? Zatvorio sam knjigu lagano, ostavivši prst između dva lista da bih znao na kojoj sam strani stao. Edmondson se smejala, skakala skupljenih nogu. Otkopčala je bluzu. Iza vrata, Kabrovinski je ozbiljnim glasom rekao da čeka farbu od jutros; pričao je o izgubljenom danu, o neusklađenosti. Sasvim prirodno, Edmond-

son, koja se i dalje smejala, otvori vrata i predloži im da podelimo našu večeru.

16) Edmondson je opekla usne dok je probala testeninu. Sedeći na kuhinjskoj stolici, Kabrovinski, lica nemarno nakrivljenog da bi izgledao kao da meditira, sisao je zamišljeno vrh svoje muštikle. Od kad je saznao zašto Edmondson nije kupila farbu (prodavnice su bile zatvorene), nije prestajao da očajava što je ponedeljak. Uporedo je nastojao da sazna hoće li mu dnevnica ipak biti isplaćena. Edmondson je bila neodređena. Priznala je da u svakom slučaju danas ne bi kupila farbu, jer još nije završila s izborom boje, oklevajući između bež, za koju se plašila da ne zamrači sobu, i bele – koja se uvek lako prlja. Kabrovinski je tihim glasom upitao da li ima nameru da donese odluku do sutradan. Ona je poslužila testeninu, on je zahvalio. Izuzev ako bi školjke kapice zamenile *clams*, jeli smo špagete *alle vongole*. Pivo je bilo mlako, sipao sam ga naginjući čaše. Kabrovinski je jeo polako. Namotavši pažljivo špagete oko viljuške, ocenio je da treba da počne da kreči što pre i, okrenuvši se ka meni, s mondenskim izrazom lica, zapita me šta mislim o glicerinskom građevinskom laku. Da bi podupro svoje pitanje, dodao je da je video dve tegle toga u našoj ostavi. Ne želeći da se isključim iz razgovora, odgovorio sam da, lično, ne mislim ništa o tome. A Edmondson, ona je zvanično bila protiv. Tegle od laka o kome je reč, obavesti nas ona, pored činjenice da su prazne, pripadaju prethodnim stanarima, što joj je delovalo kao još jedan dobar razlog da ih ne upotrebimo.

17) Edmondson još nije sasvim zatvorila vrata za gostima, a već je skinula suknju i hula hop, pustila ih da joj skliznu niz noge trzajući se. Kroz uski otvor, Kabrovinski je odugovlačio s opraštanjem, zahvaljivao za večeru i, u vezi sa bojom, preporučivao bež, radije nego neku boju bez veze. Kad je Edmondson htela da do kraja zatvori vrata, Kabrovinski, vrlo živahan, gurnu dršku svog kišobrana u prorez i, smešeći se da bi se opravdao, zahvali se još jednom, na drugi način, za veoma dobar obrok. Posle ćutanja, on povuče svoj kišobran i, dok je Edmondson sakrivena iza pregrade svlačila malene gaćice, Kabrovinski postade izričitiji. Pokušavao je da dobije avans od obećane sume, hteo je nešto novca da uzme taksi i plati hotel. Edmondson nije popustila. Čim je uspela da stavi rezu na vrata, osmehnula mi se i, gole stražnjice, pogledala kroz špijunku stojeći na prstima. Ne okrenuvši se, otkopčala je bluzu. Skinuo sam pantalone da bih joj bio lep.

18) Pošto smo se raspetljali iz zagrljaja, ostadosmo na trenutak da sedimo goli jedno preko puta drugog na tepihu u predsoblju.

19) U kupatilu, svetlo je bilo ugašeno, jedna sveća je mestimično osvetljavala Edmondson. Kapi vode su svetlucale na njenom telu. Pružila se u kadi i, rukama u vodoravnom položaju, pljeskala po površini vode. Gledao sam je u tišini, smeškali smo se.

20) Ležao sam u krevetu i pokušavao da završim poglavlje. S peškirom na glavi, Edmondson se šetala sasvim gola po sobi, lenjo pomerajući unapred grudi, sporim pokretima ruku koje su, zaobljene u vazduhu, opisivale beskrajne spirale pred mojim očima. S prstom na redu na kome sam stao, čekao sam da nastavim sa čitanjem. Vrteći se u krug, Edmondson je čitala pisma, razvrstavala dokumenta. Odmakla bi se od pisaćeg stola, približila se meni. Sela bi na fotelju i, mrdajući usnama, pregledala neku štampanu stvar, onda bi razdvojila prekrštene noge, ponovo ustala i komentarisala. Ćuti, rekao bih joj, s vremena na vreme. Ona nije navaljivala, češala je bedra. Zamišljena, prelazila je prstom preko površine stola, gledala okolo i uzimala papir koji bi pocepala. Stala je nepomično. Oklevajućim pokretom, podigla je veliku vizit-kartu i došla da legne kraj mene u krevet. Kako mi je glava bila oborena, stavila je podsetnicu na stranicu koju sam čitao. Pitao sam je šta hoće. Ništa, htela je samo da zna ko mi je poslao tu pozivnicu. Potvrdio sam dugo, zamišljeno, i, izbacivši podsetnicu prstom, nastavio sa čitanjem. Trenutak kasnije, glasom koji je prelazio u zevanje, ponovo me je pitala ko mi je poslao tu pozivnicu. Ko? Oklevao sam. Imao sam već nekoliko dana da razmislim o tome. Možda je sekretarijat austrijske ambasade prosto pogrešio kada mi ju je uputio? Ali, u tom slučaju, nisam mogao da shvatim da nisu napravili više grešaka pri pisanju adrese. Možda se taj isti sekretarijat, da bi dobio moje podatke, raspitao kod određenog poznanika? Možda. U skorijoj prošlosti, baveći se na neki način profesijom istraživača,

posećivao sam istoričare, sociologe. Bio sam asistent gospodina T. koji je vodio polaznike jednog seminara, imao sam studente, igrao sam tenis. Sve to mi je ličilo na odlične razloge zbog kojih su mogli poželeti da me prime, ali nijedan, po mom mišljenju, nije bio sasvim presudan da bi opravdao poziv u neku ambasadu. Šta ona misli o tome? Ništa, Edmondson je zaspala.

21) S rukom na jastuku, Edmondson me je pitala koliko je sati, kukajući što neko zvoni. Bilo je rano. Napolju još nije bilo svanulo. Zavese su bile otškrinute, ali nikakva svetlost nije dopirala da se suprotstavi spokojnoj pomrčini sobe. Pomrčina je ublažavala obrise, oblagala zidove, pisaći sto, fotelje. Neko je opet pozvonio. Fašista, reče Edmondson sasvim pospanim glasom. Ležeći na stomaku, ostala je nepomična, kao da je iznemogla, dok su joj ruke stiskale čaršav. Kad su pozvonili treći put, konačno mi je priznala da nema hrabrosti da ustane da bi otvorila vrata. Pomirljivo, predložio sam da pođem s njom, da odemo zajedno bilo bi, po mom mišljenju, pravedan kompromis. Edmondson se obukla bez žurbe. Čekao sam sedeći na ivici kreveta, nervirajući se zbog buke zvona koja više nije prestajala. Kad je bila spremna, pošao sam sa njom niz hodnik, zakopčavajući pižamu. Kabrovinski je bio zbunjen što je morao toliko da zvoni. Bio je na pragu, u zimskoj jakni zakopčanoj do grla, sa šalom oko vrata. Među nogama mu je stajala mala prozirna kesa puna žilavog mesa. Podigao ju je sa dva prsta, poljubio Edmondson u ruku i ušao. Kovalskazinski Žan-Mari još nije sti-

gao? upitao je osvrćući se. Neće zakasniti, uveravao nas je, veoma je tačan. Primetivši da mu iz kese curi voda, kvaseći tepih i njegove cipele, izvinio se pogledom i oprezno pružio Edmondson mokru vrećicu. Hobotnice, reče, poklon. Da, da, navaljivao je: poklon. Sedeći u kuhinji na svojoj stolici od juče, ispričao je da je proveo noć igrajući šah u zadnjoj sali jednog kafea, pre nego što se upoznao sa čovekom koji je sedeo do njega, mlađim tipom koji ga je, kada se bar zatvorio, odvukao do Hala, gde su kupili gajbu hobotnica koju su podelili pred zoru, u metrou, na stanici Invalidi. Gledao sam ga razmišljajući o drugim stvarima. Ni Edmondson ga nije slušala, otvorila je slavinu i punila čajnik. Kabrovinski, udobno smešten u kuhinji, sedeći raširenih nogu, nije prestajao da žustro trlja ruke. Prehladio se u dugim hladnjačama, rekao je, one noći koju je proveo među obešenim goveđim polutkama koje nam je opisao. Sa blagim osmehom, citirajući Sutina, pričao je o sirovom mesu, o krvi, o muvama, mozgovima, iznutricama, crevcima, nagomilanim sitnicama skupljenim u sanduke, prateći smrdljive detalje opisnim pokretima koje je završavao kijanjem. Za vaše ljubavi, učtivo reče Edmondson, koja je kuvala kafu, okrenuvši mu leđa. Visoko podignutog lakta, sipala je vodu u filter. Predložio sam da je odmenim kako bi ona mogla da ode da kupi kifle (i farbu, dodao je Kabrovinski).

22) Kada je Edmondson otišla, s mojim dopuštenjem, Kabrovinski je hteo da opere zube, dotera se na brzinu, da se umije. Bio sam vrlo ljubazan,

smešio se, objasnivši da mi treba kupatilo, ali da može da se posluži sudoperom, u kojoj su bile njegove hobotnice. Trebalo je samo da ih stavi drugde, ostaviću vas da to obavite, rekoh, i odoh da mu potražim peškir i sapun. Potom sam se zatovrio u kupatilo.

23) Stojeći pred ogledalom, pažljivo sam posmatrao svoje lice. Bio sam skinuo sat, koji je stajao preda mnom na poličici nad lavaboom. Sekundara se okretala oko brojčanika. Nepomičnog. Sa svakim krugom, proticao je jedan minut. To je bilo sporo i prijatno. Ne skidajući oka s lica, umočio sam četkicu u pastu za brijanje; raspodelio sam kremu po obrazima, po vratu. Polako pomerajući brijač, skidao sam pravougaonike pene, i koža se ponovo pojavljivala u ogledalu, zategnuta, malo pocrvenela. Kada je to bilo završeno, ponovo sam zakopčao sat oko zglavka na ruci.

24) Na kuhinjskom stolu, pored poznate kesice za kifle, nalazile su se tri tegle farbe. Kabrovinski je otvorio jednu pomoću peroreza i ocenio da je hiper-moderno što smo izabrali narandžastu boju za krečenje kuhinje. Edmondson je sumnjala da je tako i objasnila da to nije narandžasta, nego jarko bež. Složila je tegle u jedan ugao i donela kafu. Seo sam. Dok sam punio svoju šoljicu, Kabrovinski je, preko puta mene, pokušavao da otvori teglu džema svojim perorezom. Jeli smo u tišini. Edmondson je listala neki časopis čudeći se što Rafaelova izložba nije produžena. Kabrovinski je video retrospektivu u Londonu. Smatrao je da nije loš, Rafael. Pričao

nam je o ukusima i priznao nam da ceni Van Goga, da se divi Hartungu, Poloku. S rukom pod bradom da bi sakupila mrvice, Edmondson je na brzinu završila svoju kiflu. Morala je da krene, galerija se otvara u deset sati. Kabrovinski, koji se poslužio sa još kafe, zadužio ju je da prenese srdačne pozdrave izuzetnom čoveku kakav je bio direktor galerije koju je izabrao da izloži njegove radove i, zamišljen, ispijajući dug gutljaj, dodade kako bi takođe mogla podsetiti tog izuzetnog čoveka da mu je na raspolaganju za susrete sa potencijalnim kupcima. Edmondson se očešljala, svezala pojas svog mantila. Prolazeći kraj sudopere, rekla je da, ako hoćemo da jedemo hobotnice u podne, treba da ih očistimo i ogulimo. Kabrovinski je uvelike odobravao. Imao je ozareno, široko lice. Tela zabačenog unazad, zadovoljno je obrisao usta i, obraćajući se Edmondson koja je već bila u predsoblju, doviknu joj da ne zaboravi da pozove telefonom atelje da bi saznala da li su litografije spremne.

25) Nagnut iz profila, u beloj majici sa sivim bretelama, Kabrovinski je pokušavao da ugura vrh noža u lepljivo meso pipka hobotnice prostrte na drvenoj dasci. Nasuprot njemu, Kovalskazinski Žan-Mari (koji je stigao obučen veoma elegantno pošto je Edmondson otišla) držao je mekušca svojim nežnim rukama da se ne bi pomerao. Skinuo je sat i spremao se za taj zadatak s određenom uzdržanošću. Pantalona prekrivenih kuhinjskom keceljom, držao se veoma uspravno, s glavom u krutom položaju, stisnutih usta. S vremena na vreme,

s velikom distancom u glasu, savetovao bi neki rez koji bi mu delovao pristupačnije sečivu noža. Nadvijen nad dršku, s kosom preko očiju, Kabrovinski nije slušao; pravio je grimase, zgrčenih ruku, pritiskajući iz sve snage perorez u unutrašnju masu. Sedeći u dnu kuhinje, prekrštenih nogu, pušio sam cigaretu. Gledajući filter, iz kojeg je s oklevanjem izlazio dim, pitao sam se da li treba da odem na prijem u austrijskoj ambasadi. Šta sam mogao da očekujem? Tok večeri, predviđene za sledeći utorak, delovao mi je apsolutno nedokučiv. Obukao bih tamno odelo, crnu kravatu. Pružio bih pozivnicu na ulazu. Pod kristalom lustera sijala bi gola ramena, biseri, satenski reveri na odelima. Polako, šetao bih se od sale do sale, blago izgubljenog pogleda. Ne bih razgovarao, ne bih se smešio. Hodao bih sasvim pravo, prišao bih prozoru. Prstom bih sklonio zavesu i gledao na ulicu. Noć bi bila crna. Da li bi padala kiša? Pustio bih zavesu i vratio do zakuske. Iza grupe zvanica, stao bih nepokretno. Ambasador bi govorio. Naša zemlja je dobrog zdravlja, rekao bi on. Ta činjenica, koja se oslanja na bilans lišen svake pristrasnosti, izneta je na otvaranju redovne sednice naše vlade. Takva konstatacija je utoliko značajnija što je data u veoma ograničavajućem međunarodnom kontekstu. Saslušao bih ga. On bi bio nametljiv, govorio uobraženo. Na toj okrepljujućoj osnovi, objasnio bi on, različite teme koje su na dnevnom redu mogle su biti razmotrene: brojna razjašnjenja obeležila su tok sednice, omogućivši, između ostalog, zahvaljujući jednom plodonosnom dogovoru, da se utvrdi stanje u svakom od sektora. Ubuduće, zahtevi koji se iznose su kvalitativno novi, njihova imena su: realizam u ciljevima, udruživanje svih kapaciteta, strogost u upravljanju. Strogost. Ta reč bi mi mamila smešak; trudio bih se da se ne smešim, napravio bih polukrug i prošetao salama sa jednom rukom u džepu. I otišao bih, ne zaboravivši da podignem svoj šal sa garderobe. Po povratku, objasnio bih Edmondson da su se diplomate tiskale oko mene ne bi li me čule kako govorim o razoružanju, da su se žene gurale da bi se približile maloj grupi gde sam, s čašom u ruci, držao banku, ·i da mi je sam Ajgenšaften, ambasador Austrije, strog, odmeren, učen čovek, priznao da je moje rasuđivanje na njega ostavilo snažan utisak, da je zapanjen neumoljivošću moje logike i konačno, veoma iskreno, da je zaslepljen mojom lepotom. U tom trenutku, Edmondson bi podigla pogled i jagodice bi joj iskočile: nasmešila bi se. A posle? Ustao sam sa stolice i otišao da ugasim cigaretu na česmi. U prolazu, bacio sam pogled na hobotnicu kojoj je samo gornja polovina, savršeno glatka, zasad bila očišćena. Kabrovinski je uspeo da izdvoji dug komad sivkaste kože ali, uprkos naporima, nije uspevao da ga odvoji od većeg pipka. Nožem je žustro zasecao u visini sisaljki i probijao proreze da bi odvojio kožu. Prehlada mu nije olakšavala posao: malo pre toga, snažno kijanje ga je primoralo da prekine da bi obrisao prste.

26) Sitnim koracima, skoro jureći, trčkao sam kroz hodnik da bih se javio na telefon. Bila je greška, poziv za bivše stanare. U sobi, sivi dan provlačio se kroz zavese od tila. Spustio sam slu-

šalicu na postolje mog starog telefona, sneno napravio krug oko stola i zaustavio se pred prozorom. Padala je kiša. Ulica je bila mokra, trotoari tamni. Automobili su se parkirali. Drugi, već parkirani, bili su prekriveni kišom. Ljudi su žurno prelazili ulicu, ulazili i izlazili iz pošte čija se moderna zgrada nalazila preko puta mene. Para je pomalo počela da prekriva okno. Iza tananog sloja izmaglice, posmatrao sam prolaznike koji su slali poštu. Kiša im je davala izgled zaverenika: zaustavljajući se pred poštanskim sandučetom, vadili su kovertu iz mantila i veoma brzo, da je ne bi pokvasili, ubacivali je u prorez istovremeno podižući okovratnik da bi se zaštitili od kiše. Približio sam lice prozoru i, pogleda prikovanog za staklo, iznenada sam imao utisak da se svi ti ljudi nalaze u akvarijumu. Možda se plaše? Akvarijum se polako punio.

27) Sedeći na krevetu, s glavom u rukama (uvek ti ekstremni položaji), govorio sam sebi da ljudi ne strahuju od kiše; neki, koji izlaze od frizera, zaziru od nje, ali niko se stvarno ne boji da ona više nikada neće stati, njenog neprekidnog izlivanja u kome bi sve nestalo – apsolutno sve. Samo sam se ja, pred svojim prozorom, zbog konfuzije koja je pravdala bojazan izazvanu različitim kretanjima koja su se odvijala pred mojim očima, kiša, premeštanje ljudi i vozila, iznenada uplašio od lošeg vremena, premda je samo proticanje vremena, po ko zna koji put, bilo to koje me je užasavalo.

28) Sto prekriven belom mušemom, kuhinjski ormar, njegove fioke i police, prozor i njegov okvir. Nisam znao ništa o toj sudoperi koja je bila preko puta mene, o toj gomili posuđa, o tom šporetu. Pod je delovao mračno, a linoleum mu se na nekoliko mesta odlepio. Dve metle su bile naslonjene na zidove. Video sam detalje, gledao sam, a da nisam odlučio da uđem. Stojeći u štoku od vrata, imao sam osećaj da se nalazim pred nepoznatim mestom. Ko su ti ljudi? Šta rade kod mene?

29) Ne hajući ni najmanje za moje prisustvo, Poljaci su nastavili razgovor, zaokupljeni poslom i smireni. Očiju okrenutih ka bezobličnoj masi kefalopoda koji je pokrivao drvenu dasku, Kabrovinski je tu i tamo zabijao vrh svog noža da bi odsekao neku izbočinu. Hobotnica je bila potpuno ogoljena. Samo je vrh udova – hvataljki i dalje bio prekriven, tu su se zadržali komadići sivkaste kože, podvrnuti poput sokni. Napuštajući sa svih strana drvenu dasku, pipci su ševrdali u svim pravcima; pružali se duž površine sudopere, prevazilazili prepreke, spajali se, ponekad išli jedan preko drugog. Najduži su visili u prazno s raznih strana. Kabrovinski je položio nož i, okrenuvši se ka meni, obavestio me da je počeo da stiče osećaj. Po njegovom mišljenju, iako je ostalo još pet isprepletanih hobotnica u sudoperi, neće mu biti potrebno više od četvrt sata da završi s guljenjem. Tim bolje, tim bolje, mislio sam dok sam preturao po džepovima tražeći cigarete. Ostavio sam ih u sobi.

30) Debate su počele, rekao bi ambasador, dati su predlozi, izvučeni zaključci i usvojeni programi. Ti projekti, koji su razrađeni u smislu harmonizacije tekstova, imaju za cilj da, kroz preciznu definiciju neophodnih studija, ojačaju sprovođenje uputstava utvrđenih na prethodnom sastanku. Ista uputstva treba da, pored ostalog, podstaknu kod učesnika rigoroznije planiranje istraživačkih aktivnosti radi boljeg ovladavanja projektima, kako bi se stavili na snagu modaliteti za poboljšanje praktične efikasnosti kapaciteta. Imajući u vidu velike nade učesnika, sporazumeli su se da udruže napore u domenima odgovornosti, poverenja i kohezije. I više od toga. Oni očekuju – a to su upravo reči iz usta predsedavajućeg sednice – umnožavanje napora sa ciljem ostvarenja glavnih zacrtanih ciljeva. Imate li činiju za salatu? upitao je Kabrovinski. Molim? Činiju za salatu, ponovio je on, opisujući rukama oblik činije.

31) Lagano nagnutog tela, Kabrovinski je s ljubavlju puštao da, niz nagnutu dasku, tanki kolutići hobotnice skliznu u posudu. Morao je da otvori sve plakare, premesti sve šerpe, izvadi bokale i lonce, cediljke i vangle, pre nego što je na dnu nekog ormara pronašao tu zelenkastu zdelu od ružne prozirne plastike. Kovalskazinski Žan-Mari je takođe tražio, ali s manje ubeđenja, zadovoljivši se time što je napravio krug oko kuhinje pažljivo razgledajući. Hobotnica je bila potpuno iseckana, telo na štapiće, pipci na kolutiće, i, tako raskomadana, tvorila je pokretnu gomilu koju je Kabrovinski premestio na dno suda pomoću svog noža. Kada je ta

operacija završena, ščepao je drugu hobotnicu u su-doperi, podigao je visoko iznad naših glava i, nežno, savijenih kolena, položio je na dasku u jednom uvijenom pokretu. Već nekoliko trenutaka sam znao da ću napustiti kuhinju (bilo mi je malo hladno).

32) Ustao sam i izašao iz kuhinje da bih otišao da pronađem džemper u svojoj sobi. Pre nego što sam prešao prag, lagano sam se nagnuo, s razočaranim smeškom, kako bih stavio do znanja svojim domaćinima da ih sa žaljenjem napuštam. Stan je bio tih. Hodao sam bez šuma. Koliko puta li sam ovako prošao predsobljem, okrenuo se nalevo i potom nadesno, u hodniku, kako bih se vratio u svoju sobu uobičajenim koracima? I koliko li sam puta prošao obrnutu putanju? To sam se pitao. U hodniku, vrata su bila odškrinuta. Izašli iz pukotina na njima, zraci sive svetlosti mešali su se na tepisima; moje cipele u pokretu dočekivale su blede ukrštene snopove. Okrenuo sam se nadesno i ušao u svoju sobu. Stojeći kraj prozora, trljao sam ruke, grudi. Prstom sam crtao po staklu, sledio linije u izmaglici, beskrajne krivulje (napolju je i dalje bilo jednako pariski).

33) Postoje dva načina posmatranja kiše koja pada kad ste kod kuće, iza prozora. Prvi je da usredsredite pogled na bilo koju tačku u prostoru i gledate sled kiše na odabranom mestu; taj način, koji odmara dušu, ne daje nikakvu predstavu o konačnosti pokreta. Za drugi način, koji od pogleda zahteva veću prefinjenost, potrebno je da očima

svaki put sledite pad samo jedne kapi, od njenog ulaska u vidno polje do raspršivanja vode na zemlji. Tako je moguće zamisliti da kretanje, koje deluje toliko munjevito, u suštini teži nepokretnosti, i da usled toga koliko ponekad može delovati usporeno, stalno vuče tela u smrt, koja je nepokretnost. *Olé.*

34) Kiša je sad lila ko iz kabla: kao da će pasti sva kiša, sva. Vozila su usporavala na natopljenom kolovozu, a mlazevi mrtve vode se uzdizali sa obe strane guma. Izuzev jednog ili dva kišobrana koji su hitali vodoravno, ulica je delovala nepomično. Ljudi su se sklonili pred ulazom u poštu i, grupisani jedni naspram drugih, čekali zatišje na uskom prilazu. Napravio sam poluokret i otišao da otvorim ormar: pretražio sam fioke. Potkošulje, košulje, pižame. Tražio sam neki džemper. Zar nigde nema džempera? Izašao sam iz sobe i, srušivši nogom tegle sa farbom koje su zakrčile prolaz, otvorio sam vrata ostave. Nagnut u sobicu, premeštao sam sanduke, otvarao kofere tražeći nešto toplo da obučem.

35) Školjke, poludrago kamenje, pločice ahata, bakreni pehari, stalci za jaja, ukrasni podmetači, salvete, rupčići, čipke, maramice, posude za ulje i sirće, privesci, lakirane kutije, otvarači za flaše, stari alat, pastriski nožići, srebrni noževi, tabakere od slonovače, tanjiri, viljuške, božićni ukrasi, necukei. Uspeo sam da otvorim rezu na velikom gvozdenom kovčegu, na kome su bili katanci i odrpani konopci i čudilo me je što unutra pronalazim

vodovod potpuno prepravljen o njihovom trošku, da je zidno ogledalo novo, imaju račun, i da pločice nemaju ni dva meseca. Tapison u spavaćoj sobi ih je koštao pedeset šest franaka metar. Čiviluci u hodniku, sa držačima od trešnjevog drveta, vrede preko šesto franaka komad. Luster u predsoblju je antikvitet, njegova se vrednost može proceniti na blizu tri hiljade franaka. Pažljivo smo slušali te cifre, Edmondson mi se neženo osmehivala, a ja sam imao želju da pitam pošto su vrata od salona. Kad smo se vratili u dnevnu sobu, dali su nam da sednemo, napunili nam čaše i, sa primetno postiđenim smeškom, predložili da otkupimo sve fiksirane instalacije u stanu. U suprotnom, rekli su, treba da ih razumemo, ali bi oni morali da demontiraju police i skinu tapison. Edmondson, koja je savršena za pitanja novca, odmah odgovori da nam police nisu potrebne a, što se tiče tapisona, da bi im zapravo bila zahvalna ako bi hteli da otkriju pod u sobi da bismo mogli da tu raširimo svoj tepih.

37) Obišli smo prazan stan. Pili smo bordo sedeći na parketu. Ispraznili smo sanduke, razvezali kutije, raspakovali kofere. Otvorili smo prozore da bi izvetrio miris bivših stanara. Bili smo kod kuće; bilo je hladno, svađali smo se oko jednog džempera koji smo oboje hteli da obučemo.

38) Priredili smo sedeljku da proslavimo useljenje. Par koji smo pozvali je mnogo poranio. Bili su to prijatelji koje Edmondson ima iz detinjstva. Seli su na kanabe, očistli svoje naočare dahćući u stakla. Dok smo pili aperitiv, našao sam se sâm sa

tim mladim ljudima, pošto je Edmondson morala da ode da spremi večeru. Ćutali su. Prekrstili su noge, gledali zidove oko sebe. Pošto su mi uputili nekoliko učtivih smešaka, prestali su da se interesuju za mene i počeli da tiho razgovaraju među sobom. Ne obraćajući više pažnju na mene, pričali su o nedavnim izlascima, uspomenama s letovanja i poslednjem odlasku na zimovanje. Potom su, pošto se Edmondson nije vraćala, uzeli časopise koji su im bili nadohvat ruke. Prelistavali su ih, pokazivali fotografije jedno drugom. Ustao sam, pustio jednu ploču i ponovo došao da sednem. Oh, kakva sreća na vratima garaže, kada si se pojavio u svom sjajnom autu, tata, bila je noć ali smo pod svetlima mogli videti sve do obronaka brežuljka. Šarl Trene, rekao sam. Krenućemo putem za Nabron, čitave noći motor će brujati, i videćemo obrise kula Karkasona kako se pojavljuju na horizontu Barbere. Nemate ploče Frenka Zape? pitao me je Pjer-Etjen zabavljeno nadmen. Ne, nijednu, rekao sam. Završio sam svoju čašu viskija u malim gutljajima i odložio je na sto. Iz kuhinje, Edmondson je doviknula da neće biti gotova još desetak minuta. Dok čekamo, nastavila je da urla, biću ljubazan da pokažem stan našim prijateljima. Naši prijatelji su pozatvarali novine i, uzevši se za ruke, pošli za mnom hodnikom priljubljeni jedno uz drugo. Počeli smo od kupatila. Seo sam na obod kade, ostavivši im svu slobodu da opušteno razgledaju. Onda sam im pokazao spavaću sobu. Zadržali su se pred bibliotekom, izvlačeći knjige s polica, vraćajući ih na mesto. Čekao sam ih u hodniku. Kad smo prolazili kraj toaleta, otvorio sam vrata i, krenuvši ka njima, mašući rukom da ih upravim u željenom smeru, uspeo da ih oboje nateram da uđu. Izašli su što su brže mogli i, laganim koracima, gledajući levo i desno, vratili se u salon. Na kraju nam se pridružila Edmondson. Izvinila se što smo je čekali i pitala šta misle o stanu. Držeći se za ruke, naši prijatelji su procenili da je mali – ali da mu je dobar raspored. Prešli smo za sto. Jeli smo špargle. Oni su pričali o međunarodnoj politici, o univerzitetskim diplomama. Kao da se obraća svojim baki i deki, Pjer-Etjen nam je rekao da je bio odličan student. Diplomirao je pravo, magistrirao političke nauke i planira da dobije diplomu viših studija istorije dvadesetog veka. Ali, za tu poslednju diplomu se plaši selekcije na prijemnom, među kandidatima, objašnjavao je dok je pristojno jeo, ima studenata sa Nacionalne škole administracije, Politehničke škole. Diskobolosi, rekao sam uzevši šparglu. Dodao sam, i postao ozbiljan, da bi bilo odlično kad bih ja bio u prijemnoj komisiji. Mislili su da se šalim. Ja se na to nisam obazirao, ali, ako bi me T. slučajno zamolio da mu pomognem u razgovorima na prijemnom, ne bih voleo da budem u koži kandidata Pjer-Etjena. Posle večere, odigrali smo partiju monopola. Ja sam služio viski. Dodavali smo kockice, zidali kuće, gradili hotele. Partija se otegla. Naši prijateljii su se mazili po podlakticama, milovali jedno drugom prste dok su bacali kockice; ćaskali smo, Pjer-Etjen se pitao hoće li biti Trećeg svetskog rata. Tu nisam imao zašto da se ulagujem. Otišao sam da legnem pošto sam ih razbio (u monopolu nema tajni).

39) Bio je to džemper od debele bele vune, sa širokim rebrima, koji je, bačen, imao izgled napuštenog džaka krompira. Na prednjoj strani su se ukrštali beli i bež rombovi; kožni štitnici za laktove presecali su pad rukava. Podigao sam haljetak koji je stajao smotan na podu ostave i složio ga u predsoblju da bih ga osmotrio. Bio je mali: Edmondson mora da ga je nosila kad je bila devojčica. Izvadio sam svoju jaknu i obukao je. Zamalo (?), pa bi mi odgovarala.

40) Sedeći u dnu kuhinje, oborene glave, vukao sam rukave svog džempera pokušavajući da pokrijem deo ručnih zglobova. Poljaci, što je iznenađujuće, nisu pričali. Kovalskazinski Žan-Mari je i dalje držao glavu nekog mekušca na dasci. Ruke su mu bile veoma crvene, mokre, zgrčene. Gubio je strpljenje, činilo mi se, počinjala su da ga bole leđa. Svaki put kada bi nož nadletao džep bež boje zguren u posudi, Kabrovinski bi bezobzirno prezao da se ne probuši, jer je unutra bilo mastilo. Kabrovinski nije nikako verovao da je to jetra i da bi to dokazao, čistim potezom je ugurao perorez u organ. Mastilo nije iscurelo odmah, najpre se nekoliko kapi, izuzetno crnih, pojavilo na površini, potom je krenulo još kapljica i konačno mlaz, koji je polako skliznuo na dasku. Kovalskazinski Žan-Mari je skinuo kuhinjsku krpu koja mu je bila oko struka i, izgubivši interesovanje za situaciju, došao da sedne pored mene. Napetog lica, zapalio je cigaretu i, pola na francuskom a pola na poljskom, zamerio Kabrovinskom što nije tražio od prodavca ribe da on očisti hobotnice. Tim pre, rekao je, što ih

je ostalo još četiri, netaknutih, u sudoperi. Kabrovinski ga nije slušao. Umočio je prst u mastilo i objasnio da se od sipinog mastila pravi sepija. Kada je bio mlad, slikao je veoma lepe crteže tušem. Da. Zaneseno, gurnuo je hobotnicu pod česmu i dugo je ispirao. Sunđerom je obrisao dasku i, kada se isprana hobotnica našla ponovo na dasci, zatražio je od Žan-Marija Kovalskazinskog da bude ljubazan da mu se pridruži...

HIPOTENUZA

1) Otišao sam naprasno, i nikoga nisam obavestio. Ništa nisam poneo. Bio sam obučen u tamno odelo i plavi kaput. Šetao sam ulicom: drveće, trotoar, nekoliko prolaznika. Izbivši na trg, primetio sam autobus. Ubrzao sam korak, prešao aveniju trčeći i ušao za ostalim putnicima. Autobus je krenuo. Seo sam na kraj, na kružno sedište. Prozori su bili prekriveni kišom. Dve osobe su sedele preko puta mene, jedna gospođa, jedan gospodin koji je čitao novine. Cipele osobe koja je sedela preko puta mene bile su mokre, barica vode se ocrtavala oko njenih đonova. Prešli smo preko Sene, a onda još jednom, preko mosta Osterlic. Na svakoj stanici, posmatrao sam ljude koji ulaze, promatrao njihova lica. Plašio sam se da ću nekog sresti. Ponekad bi me polu-viđen profil prepao pa bih oborio glavu jer mi se učinilo da sam nekog prepoznao, ali, čim bi se ta osoba okrenula ka meni, pogled na njeno nepoznato lice mi je pružao olakšanje i, dobre volje, sledio sam je očima sve dok ne bi sela. Sišao sam na autobuskom stajalištu i uputio se ka železničkoj stanici. Malo sam šetao po holu. Uzeo sam kartu, pokušao da dobijem kušet, ali je bilo suviše kasno: voz samo što nije pošao.

2) Sutradan, voz je stigao. Sišao sam na peron, odugovlačio na stanici sa rukama u džepovima mog elegantnog mantila. Pored velikih staklenih vrata, u jednom kiosku nalazile su se prostorije Sindikata inicijative. Gledao sam fotografije, plakate. Iza tezge, jedna gospođica je telefonirala, hvatala beleške desnom rukom. Kada je ponovo spustila slušalicu, ušao sam i, sada siguran da govori francuski, pitao je da mi rezerviše sobu u hotelu. Jednokrevetnu ili dvokrevetnu? upitala me je. Gledao sam je sumnjičavo. Ne, ne govori francuski. Za mene je, uzviknuo sam, snažno gestikulirajući od glave do pete da bih se izrazio.

3) Obišao sam sobu. Krevet je bio prekriven bakarno-smeđim jorganom. Lavabo je izlazio iz zida, a ispod njega se nalazio plastični bide. Okrugli sto i tri stolice bili su čudno raspoređeni usred sobe. Prozor je bio veliki, bio je tu i balkon. Ne skidajući mantil, pustio sam vodu da teče u lavabo, izvadio majušni sapun iz njegove ambalaže i oprao ruke. Glave okrenute iz profila, posmatrao sam svoje lice u ogledalu, naginjao se napred da bolje vidim svoj vrat prekriven mrkim dlakama, retkim. Voda je i dalje tekla niz emajl. A sada i niz moj šal.

4) Proveo sam noć u kupeu voza, sam, sa ugašenim svetlom. Nepokretan. Osećajući pokret, samo pokret, spoljašnji pokret, uočljiv, koji me je premeštao uprkos mojoj nepokretnosti, ali takođe unutrašnji pokret mog tela koje se uništava, neuočljiv pokret kojem sam počeo da posvećujem isključivu pažnju, koji sam svom snagom želeo da

popravim. Ali kako ga obuhvatiti? Gde ga ustanoviti? Najjednostavniji pokreti su odvraćali pažnju. Pružio sam svoj zeleni pasoš italijanskom policajcu.

5) Izašao sam iz hotela pošto sam stavio šal da se suši na radijatoru. Na ulici, trljao sam jezik o zube, o nepce. Imao sam ukus voza u ustima, mokre odeće. Stresao sam prašinu s rukava, hodao sušeći mantil. Uzane ulice su nametale smer, nastavio sam pravo bez razmišljanja, prelazio mostove. Pronašao sam banku da promenim novac. Postao sam vlasnik jednog jeftinog tranzistora. Popio sam kratku kafu, tražio cigarete: U robnoj kući Standa, kupio sam pižamu, dva para čarapa, jedne gaćice. Ruku punih kesa, svratio sam samo na još jedno mesto. U apoteku. Vrata su zaškripala. Apotekar nije baš dobro razumeo šta hoću da postignem. Morao sam da odložim kese na pult da bih mu dočarao četkicu za zube, brijače, sapun za brijanje.

6) Kad sam se vratio u hotel, izgubio sam se na spratovima. Išao sam hodnicima, penjao se uz stepenice. Hotel je bio pust; bio je to lavirint, nigde nije bilo nikakve oznake. Skrećući na jednom odmorištu tapaciranom plutom, ukrašenom zelenim biljkama, konačno sam pronašao hodnik koji je vodio do moje sobe. Ispraznio sam kese na sto, skinuo mantil. Srušio sam se na krevet. Proveo sam ostatak prepodneva tu, ležeći na boku, pokušavajući uzalud da podesim tranzistor. Pritiskao sam sve dugmiće, prešao na menjanje frekvencije, prebacio

na duge talase. Aparat je pucketao. Tresao sam ga, pomerao antenu.

7) Nisam sišao na doručak.

8) Kupatilo se nalazilo na donjem spratu. Da bih otišao do njega, morao sam proći dugim hodnikom, sići niz zavojite stepenice i, na podestu, ući na vrata levo. Spremačica mi je kazala kako da stignem istog jutra. Potpuno obučen, to nije predstavljalo nikakvu teškoću. Ali ja sam bio u donjem vešu, sa peškirom i priborom za higijenu, čekajući da jedan par odluči, ili da uđe, ili da izađe iz svoje sobe. Iz razloga koji nisam mogao da dokučim, delovali su neodlučno. Čuo sam ih kako razgovaraju – na francuskom – na podestu, najverovatnije pred vratima svoje sobe, o delima Ticijana, Veronezea. Muškarac je govorio o istinskim osećanjima, o čistim osećanjima. Rekao je da je dirnut Veronezeovim delima, iskreno dirnut, nezavisno, reče, od ikakvog likavnog obrazovanja (sigurno su Francuzi, rekoh sebi). Zgrčen uza zid, postajući sve nestrpljiviji, osluškivao sam svaki zvuk sa gornjih spratova, iz straha da ću biti iznenađen u gaćama, nepokretan, u kavezu stepenica. Tako sam, pošto sam iznenada čuo zvuk koraka iznad sebe, odlučio da nastavim svojim putem, oslobođen obaveze da se suprotstavim pogledima para koji je bio na podestu. Požurio sam da siđem niz poslednje stepenike koji su me razdvajali od njih, usporio i, namestivši bolje peškir oko struka, skrenuo ponašajući se najopuštenije moguće. Našao sam se u hotelskom baru. Bio je skoro prazan. Jedan par

koji je sedeo na kanabetu okrenuo se da me osmotri. Barmen nije podigao pogled.

9) Zidovi kupatila su bili svetlo zeleni, farba se ljuštila na nekoliko mesta. Kada sam zaključao vrata, skinuo sam gaćice, koje sam okačio na kvaku. Istуширao sam se u kadi, obrisao se, vratio se u sobu drhteći, s peškirom preko ramena. Novi donji veš nalazio se na stolu. Zubima sam razdvojio čarape koje su bile spojene končićem. Vuna je bila nežna, lepo je mirisala. Obuo sam čiste čarape, nove gaćice. Osećao sam se dobro. Zadržao sam se tako malo u sobi; vukao sam lastiš svojih slip gaćica, čitao obaveštenja prikačena za vrata, bezbednosne savete, cene soba, doručka. Vrativši se za sto, obukao sam pantalone i ponovo prljavu majicu koja je smrdela pod pazuhom.

10) Popodne nije imalo kraja, kao i uvek u inostranstvu, gde sati, prvog dana, deluju tromije, čine se dužim, sporijim, beskrajnim. Ležeći na krevetu, gledao sam sivi dan koji je prolazio preko prozora. Soba je počela da se zamračuje. Nameštaj je gubio obrise, nestajao u polutami. Tranzistor mi je bio namešten na neku tamo stanicu koja je puštala rokenrol. Slušao sam pojačano do kraja i moja se noga u čarapi, na jorganu, neprimetno pomerala u ritmu.

11) Sišao sam da večeram. Hotelska trpezarija je bila mala prostorija. Teške zavese, od bordo somota, bile su navučene i pojačavale su osećaj intimnosti, bliskosti. Stolovi, elegantno postavljeni, ve-

41

ćinom su bili slobodni. Jedna žena sama, starija, sedela je u uglu. U produžetku vrata, mogao sam da vidim deo hotelskog salona, gde je svetlucao ekran televizora. Ton uređaja mora da je bio isključen, pošto nije bilo nikakvog zvuka. U trpezariji je, pored toga, vladala apsolutna tišina koju su, s vremena na vreme, isticali kratki metalni zvuci escajga starije gospođe koja je jela iza mene. Posle večere, otišao sam do susednog salona i seo pred televizor, na kojem su defilovale neme, nerazumljive slike katastrofe.

.

12) U odsustvu zvuka, slika je nemoćna da izrazi užas. Da su poslednje sekunde života devedeset milijardi ljudi koji su umrli otkad Zemlja postoji mogle biti snimljene i projektovane u jednom dahu u bioskopskoj sali, ta predstava bi, po mom mišljenju, prilično brzo postala dosadna. Nasuprot tome, da su pet poslednjih sekundi njihovih života, poslednji zvuci njihovih patnji, svi njihovi uzdasi, njihova hripa, njihovi krici, mogli biti snimljeni, zatim montirani na jednu traku i predstavljeni publici, najjače što može, u nekoj koncertnoj dvorani, ili u operi... Širok plan fudbalskog stadiona prekinuo je moje razmišljanje, dve ekipe su se zagrevale na terenu. Žurno sam ustao i čučnuo pred televizor, pokušao da pojačam zvuk.

13) Inter Milano je igrao protiv Glazgov Rendžersa u osmini finala Evropskog kupa pobednika kupova. Susret je bio u Škotskoj. Da bi sačuvali šanse za revanš meč, Italijani su igrali zatvoreno, zauzeli busiju u odbrani. Utakmica je bila dosadna.

Nekoliko lepih akcija me je, uprkos svemu, uzbudilo; nagao bih se iznenada napred, s jednom rukom na podu, da bih se približio ekranu. U dvadeset petom minutu drugog poluvremena, barmen je došao da mi se pridruži pred televizorom. Pre nego što je zauzeo mesto, mahinalno je otišao da pomeri antenu, podesi kontrast. Poslednjih četvrt sata susreta je bilo zanimljivo. Škotlanđani su nastavili s dugim dodavanjima, nisu oklevali da šutiraju, pokušavajući da u poslednjim minutima utakmice ipak postignu gol. Kada je jedan šut sa trideset metara udario u stativu, zadržao sam dah i razmenio značajan pogled s barmenom. Upalio sam cigaretu i okrenuo se jer sam u leđima osetio nekakvo prisustvo. Iza nas, na pragu vrata, stajao je recepcioner.

14) Sutradan sam se probudio rano, proveo miran dan.

15) Počeo sam da dobro poznajem hotel, više se nisam gubio po hodnicima. Obroci su se služili u redovnim intervalima, doručkovao sam veoma rano, uglavnom sam u trpezariji. Sam sam i večerao, nešto pre dvadeset časova. Nije nas bilo više od pet gostiju u hotelu. Ponekad sam, na odmorištu, sretao par Francuza. Čak su me iznenadili kad sam ih, jednog jutra, video kako u zoru ulaze u trpezariju. Prošli su kroz salu a da mi se nisu javili, uputivši mi ravnodušan pogled kad su prolazili pored mene. Uprkos jutarnjim satima, jedva da su seli, a već su počeli da razgovaraju (sigurno su bili dugogodišnji Parižani). Pričali su o likovnim umetnostima, o es-

tetici. Njihovo rezonovanje, apsolutno apstraktno, delovalo mi je ljupko umesno. Izražavajući se odabranim rečima, muškarac je pokazivao veliku erudiciju, a nije mu nedostajao ni cinizam. Ona, ona se utaborila kod Kanta, i mazala puterom krišku hleba. Pitanje uzvišenosti, činilo mi se, samo ih je prividno delilo.

16) Svakog dana, kasno pre podne, sobarica je dolazila da pospremi moju sobu. Poveravajući joj prostorije, oblačio sam kaput i odlazio da pronađem utočište u prizemlju. Napravio bih krug oko hola, s rukama u džepovima, sve dok je ne bih ugledao kako se ponovo pojavljuje na vrhu stepenica, nebo plave boje, sa svojom kofom i metlom. Onda bih se ponovo popeo u svoju sobu i zaticao namešten krevet, a pribor za higijenu savršeno složen na poličici nad lavaboom.

17) Kada sam izlazio iz hotela, retko sam odlazio daleko. Ostajao sam u susednim ulicama. Jednom sam, međutim, morao da se vratim u robnu kuću Standa: bile su mi potrebne košulje, a i moje nove gaćice su postale prljave. Prodavnica je bila veoma osvetljena. Polako sam hodao među rafovima, poput inspektora, povremeno bih pomazio po glavi neko dete. Zadržao sam se pred odeljkom s odećom, birao košulje, dodirivao vunu džempera. U odeljku s igračkama, kupio sam pikado.

18) Po povratku u sobu, ispraznio sam kesu, pocepao plastičnu ambalažu koja je prekrivala igru. Veoma jednostavna meta, s urezanim koncen-

tričnim krugovima, pratila je šest strelica čiji je za-perak, zaobljen, bio ukrašen perima. Okačio sam metu na jedno krilo ormara i, udaljivši se da bih napravio odstojanje, zadovoljno je posmatrao.

19) Bio sam veoma koncentrisan kada sam igrao pikado. Nepokretan uza zid, stisnuo bih jednu među prstima. Celo telo mi je bilo napeto, oči su mi bile napregnute. Usredsređivao sam se na centar mete s apsolutnom odlučnošću, nisam mislio ni o čemu – i bacao.

20) Popodneva su proticala mirno. Kada bih odspavao sijestu, probudio bih se mrzovoljan, ukočenih vilica. Zakopčavajući kaput, silazio sam u bar koji je, u to vreme, bio naročito pust. Čim bi me video da stižem, barmen bi ustao iz fotelje i, sporim koracima, išao preda mnom sve do šanka. Bez potrebe da kažem bilo šta, osorno bi namestio filter u kafe aparat i položio tanjirić pred mene. Pošto bi me poslužio, približio bi dozer za šećer do moje šoljice, obrisao ruke i, ponovo uzevši novine, vratio se da sedne u svoju fotelju.

21) Kupovao sam novine skoro svakog dana. Gledao sam fotografije, čitao vremensku prog-nozu, veoma preciznu, pokraj koje je bio stilizovan crtež kretanja oblaka i oznaka zabeleženih i očeki-vanih minimalnih i maksimalnih temperatura, za taj i naredni dan. Pregledao sam i stranice sa svet-skom politikom, čitao sportske rezultate i pozo-rišne najave.

22) Malo po malo, počeo sam da saosećam sa baremnom. Klimnuli bismo glavom jedan drugom svaki put kad bismo se sreli na stepeništu. Kad sam išao da popijem kafu, kasno popodne, dešavalo nam se da porazgovaramo. Pričali smo o fudbalu, o auto trkama. Odsustvo zajedničkog jezika nije nas obeshrabrivalo; o biciklizmu, na primer, priči ne bi bilo kraja. Mozer, rekao bi on. Merks, uzvratio bih ja, posle nekoliko trenutaka. Kopi, rekao bi on, Fausto Kopi. Vrteo sam kašičicu u kafi, odobravajući glavom, zamišljen. Brijer, promrmljao sam. Brijer? rekao je on. Da, da, Brijer. Nije delovao ubeđen. Mislio sam da će se razgovor tu završiti, ali, kada sam se spemao da napustim šank, zadržavajući me rukom, rekao mi je Đimondi. Van Springel, odgovorio sam. Plankert, dodao sam, Diriks, Vilems, Van Impe, Van Loj, De Vlemink, Rožer de Vlemink i njegov brat, Erik. Šta bi se na to moglo odgovoriti? Nije navaljivao. Platio sam kafu i popeo se u svoju sobu.

23) Strelice se nisu dobro zabadale u metu. Ponekad bi, pošto se nesavršeno zakače, izgubivši ravnotežu zbog težine zapreka, padale na pod. To bi me svaki put razljutilo. Sedeći na ivici kreveta, oštrio sam im vrhove oštricom brijača.

24) Probudio sam se usred noći. Sam. Pošto sam neko vreme šetao u pižami po svojoj sobi, obukao sam ogrtač i izašao u hodnik, bosih nogu, ruku pruženih pred sobom. Hotel je bio mračan. Sišao sam niz stepenice osvrćući se oko sebe. Nameštaj je imao ljudske oblike, nekoliko stolica me je fik-

siralo pogledom. Crne i sive senke, s očima, tu i tamo, prestravile su me. Vratio sam se pognute glave, stežući okovratnik svog mantila. U prizemlju je sve bilo tiho. Ulazna vrata su bila zaključana preko noći, žaluzine navučene. Prošao sam kroz hol ne praveći buku i, kresnuvši upaljač kako bih video po mraku, produžio hodnikom do kancelarije. Tu, oklevajući kojim putem da krenem, otvorio sam staklena vrata koja su vodila u kuhinje. Osvetljen sićušnim plamenom iz upaljača obišao sam prostoriju, bosih nogu po hladnom pločicama. Sve je bilo uredno, čisto, savršeno poređano. Dva velika prazna stola stajala su pored zida. Sudopera je blistala. Htedoh da zatvorim vrata za sobom, i pošto sam se uverio da me niko nije pratio, sasvim tiho sam otvorio frižider (u potrazi za pilećim batakom).

25) Sledećeg dana, na kraju sam se javio Edmondson. Otišao sam iz hotela i, na ulici, pitao za put do pošte nekog čoveka koji je trčao (uvek sam uživao u tome da od ljudi koji se žure tražim obaveštenja). On mi je brzo prstom pokazao u nekom smeru i hteo da me pozove da nastavim njegovim putem, ali, uljudno mu preprečivši put, ja ga upitah za neka objašnjenja. U tom trenutku, on se zaista ukočio i, potrudivši se da se vrati, veoma strpljivo mi dao sva neophodna uputstva. Lako sam našao. Bila je to moderna zgrada pošte, s tezgom od glatkog drveta, telefonskim kabinama. Nekoliko osoba dočepalo se skamije na kojoj su se nalazili formulari na gomili, olovke okačene o lančiće. Prešao sam preko sale i, na prvom šalteru na koji sam

naišao, raspitao se o postupku za slanje telegrama. Dali su mi neki formular. Napisao sam kratak tekst, zabeležio hotelsku adresu i broj telefona. Edmondson će primiti vesti o meni još danas (uželeo sam se da je vidim).

26) Vrativši se u hotel, zastao sam da uzmem ključ i, zadržavši se kraj recepcije, upitao recepcionera zna li gde može da se igra tenis. On je oklevao, odgovorio da možda ima terena u nekom velikom hotelu, ali po njegovom mišljenju mora biti da je zatvoren tokom zime. Kako bi dao tačniji odgovor, otvorio je neki katalog, stavio naočare i, okrećući stranice, rekao mi da bi najbolje bilo da se raspitam na Lidu. Upitao sam ga kako da stignem tamo. Bilo je lako. Kada se izađe iz hotela, treba odmah skrenuti (sklonivši naočare, prebacio je ruku preko recepcije da mi pokaže kuda), ući u prvu desno i nastaviti pravo do Duždeve palate. Tamo ću naći vaporeto koji će me prevesti.

27) Krajem popodneva, dok sam bacao pikado u svojoj sobi, došao je recepcioner da mi javi da me traže na telefon. Sišao sam i, uzevši aparat sa recepcije, povukavši gajtan, krenuo da se sklonim u ugao prostorije. Zgrčen kraj zida, tihim glasom sam vodio dug razgovor sa Edmondson.

28) Sledećih dana smo još razgovarali telefonom, često. Raznežili bismo se, svaki put, što čujemo jedno drugo. Glasovi su nam bili krhki, neuravnoteženi od uzbuđenja (ja sam bio preplašen). Ali ostali smo pri svojim stavovima: Ed-

mondson je tražila od mene da se vratim u Pariz, ja sam nju pozivao da mi se radije pridruži.

29) Moji su dani, sada, bili organizovani u ritmu telefonskih poziva od Edmondson. Zvala me je iz galerije kad god bi njen direktor izašao (a pošto nije plaćala razgovor, trebalo je da ostanemo na vezi što duže da što više prištedimo novac). Pošto su naši razgovori postajali previše dugi, umoran od grčenja kraj aparata, seo bih na tepih na ulazu. Edmondson mi je pričala i ja sam se osećao dobro; slušao sam pušeći cigaretu, prekrštenih nogu, naslonjen na zid. Kad god bih podigao pogled, uznemiren mojim pogledima, recepcioner se pravio da je zauzet za pisaćim stolom. Otvarao je registre, čitao spiskove. Kada bih prišao da mu vratim aparat, na brzinu bi mi se osmehnuo, praveći izraz lica kao da ga posao muči.

30) Jednog dana sam bio na telefonu, sedeći na zemlji u ulaznom holu, sa slušalicom zaglavljenom između ramena i brade, zauzet vađenjem cigarete iz kutije, kada sam ugledao kako u hotel ulazi par Francuza. Zaustavili su se na recepciji, uzeli ključ i, mirno razgovarajući, prošli ispred mene kako bi otišli u sobu (po mom mišljenju, u Veneciju su došli zato da bi vodili ljubav kao hiljadu devetsto pedeset i devete).

31) Posle svakog obroka, svratio bih do bara i pokupio časopise koji su se vukli po stolovima. Vratio bih se u sobu i prelistavao ih, ležeći na krevetu.

32) Ništa nisam radio. Stalno sam čekao da me Edmondson pozove telefonom. Više nisam izlazio iz hotela u strahu da ću propustiti neki poziv. Nisam više spavao posle ručka, nisam se zadržavao u kupatilu. Često bih seo na stolicu na ulazu i čekao preko puta recepcionera (imao sam potrebu da se osetim blizak sa Edmondson).

33) Edmondson mi je sve češće telefonirala. Ponekad bismo, na vezi, dugo zajedno ćutali. Voleo sam te trenutke. Sasvim spreman da je slušam, naprezao sam se da čujem njen dah, njeno disanje. Kada bi prekinula tišinu, glas bi joj se ohrabrio.

34) Preko telefona, Edmondson je ostajala veoma blaga prema meni; tešila me je ako bih to od nje tražio. Ali nije razumela zaštio se ne vraćam u Pariz. Kada bi mi postavila to pitanje, ograničio bih se na to da naglas odgovorim: Zašto se ne vratim u Pariz? Pa da, kazala bi ona, zašto? Postoji li neki razlog? Makar jedan jedini razlog koji bih mogao da navedem? Ne.

35) Edmondson je na kraju došla po mene.

36) Otišao sam da je sačekam na železničkoj stanici. Kako sam poranio, pošto sam na planu dolazaka i polazaka proverio kada joj stiže voz, izašao sam sa stanice i seo na stepenice. Bilo je hladno. Nije nas bilo više od četvoro, toplo odevenih, na peronu. Pored mene, neka stara gospođa, zacelo Anglosaksonka, brižljivo je slagala šal u ranac. Neki vojnik je pušio, nogu opruženih preko

kofera. Neprestano sam gledao u časovnik. Malo pre devetnaest časova i sedamnaest, ustao sam i krenuo put koloseka.

37) Voz je stigao sa dva i po sata zakašnjenja. Odjednom je nastala buka oko mene, otvaranje vrata, udarci kofera o zemlju, glasovi, gotovo krici. Prolazili su ispred mene, mimoilazili me. Ljudi su se češali o mene. Ja sam čekao na peronu, sasvim uspravan, jasno vidljive glave. Čim me je Edmondson primetila, široko je zamahala reketima za tenis, krenula ka meni gegajući se, naduvenih obraza, osmehujući se. Potrčala mi je u susret. Ja sam je čekao. Dodirnula mi je lice, čestitala mi na čistoj kosi.

38) Krenuli smo ka izlazu, rame uz rame, za drugim putnicima; nosio sam joj kofer. S vremena na vreme bismo se nakratko pogledali, s nežnošću. Nismo razgovarali. Nasred prostranog hola, zastajući, Edmondson mi je otkopčala mantil i, zavukavši ruku ispod, pomilovala me po grudima. Prva je nastavila dalje, okrenula se i osmehnula. Na zubima je imala sićušan trag ruža za usne.

39) Rezervisao sam sto za dvadeset i jedan čas. Kada smo stigli u restoran, iako je bilo više od jedanaest sati, šef sale, veoma ljubazan, nije nam to zamerio. Ostavili smo kofer i rekete u podnožju nekog čiviluka i produžili u trpezariju, a za nama je pošla neka gospođa koja se uzaludno trudila da mi tutne broj garderobe u ruku, i koja je čak pokušala, dok sam skidao mantil, da se dočepa tog dela ode-

će; ali ja sam bio veoma hitar i, sa mnogo lakoće, uspeo da sklonim mantil van domašaja njenih ruku kako bih ga zaštitio. Gospođa je zlobno pogledala Edmondson i ostavila broj na stolu. Edmondson je sela naspram mene. Dobro smo se osećali. Sto, lepo postavljen, pružao je osećaj spokojstva, blagostanja. Čaše su bile tanke, tanjiri masivni. Različite vrste hleba, kriške i dugi štapići, ukrašavali su korpicu. .

40) Posle deserta sam diskretno zgrabio svoj kaput koji sam ostavio na ivici klupe i, ne ustajući sa stolice, navukao ga, ništa manje diskretno. Edmondson je pomislila da hoću da krenem, ali ne. Uhvatio sam je za ruku i pomilovao je. Istovremeno, moja druga ruka, brzinom mađioničara, zavukla se u džep mantila i odatle izvuka pravougaonu kutijicu koju sam joj spustio na zglob. Bio je to poklon. Edmondson, iznenađena, pomeri ruku i kutijica pade na stolnjak. Pažljivo je otvorila pakovanje. Bilo je papira, papira preko papira, svilenog papira u kutiji, svuda oko časovnika.

41) Kada smo izašli iz restorana, usporili smo. Polako smo hodali uličicama, zastajali na mostovima. Na nekom malom trgu, oivičenom drvećem, seli smo, spustivši rekete pored sebe. Sve je bilo tiho. Osvetljene palate na obali naspram nas osvetljavale su noć. Kanal je bio mračan, crn poput oblaka. Voda, na trenutak ukočena, zatvarala je trem neke crkve, zatim ponirala u slapovima, napuštajući jedan po jedan stepenik.

42) Vratili smo se u hotel. Edmondson, koja se odmah skinula, imala je na sebi još samo nebesko-plavu košulju, širom raskopčanu, i šetkala se po sobi na vrhovima prstiju, sa četkicom za zube u ustima. Ležeći na krevetu, samo sam primetio da su joj pod golim trbuhom, na mestu čamčića ostale male gaćice od krzna zebua, od krzna zebre. Ona je spustila glavu da pogleda (i trenutak kasnije blago cimnula dlačice kako bi dokazala da su prave).

43) Dok smo oboje ležali na krevetu, nogu isprepletanih pod čaršavima, prelistavali smo neki ženski časopis koji je Edmondson donela iz Pariza. Ja sam okretao listove a Edmondson bi me s vremena na vreme naterala da se vratim nazad, zaustavljala mi ruku da pogleda neku fotografiju. Kako se koja toaleta pojavljivala, davali smo mišljenje o haljinama, kreatorima, kardiganima. Ocenjivali smo lepotu manekenki. Kada bih našao neku lepu devojku koja se Edmondson ne bi dopala, ona bi slegnula ramenima, prezirala me.

44) Sunce, sledećeg jutra, ušlo je u sobu kada sam se probudio. Pod malo razmaknutim zavesama, duž celog zida, svetlost je presecala površine, ocrtavala vatrene obrise na parketu. Uprkos nekim mrljama svetlosti, mestimično veoma živim, soba, sva nepomična, kupala se u močvari pomrčine. Edmondson je spavala pored mene: lice joj je bilo glatko; usta, izobličena na jastuku, lako su se napućila. Iznad njene glave, čestice prašine blistale su duž kosog zraka. Nečujno sam ustao i obukao se. Pre nego što sam izašao iz sobe, ćutke

se vrativši do kreveta, hteo sam da je ušuškam (a gledao sam je).

45) Sunce je presecalo hodnik s kraja na kraj, sva stakla su svetlucala, zelene biljke su blistale. Bilo je vedro, koračao sam brzo, bio sam srećan. Na stepeništu sam preskakao stepenike, kada sam stigao u hol bezmalo sam trčao. Gospodin na recepciji me je zaustavio u prolazu. Ona mlada žena je zaista sa vama? upitao me je. Edmondson? rekoh ja, lepa je, a? Onaj gospodin, ukočen iza svoje recepcije, ozbiljno namesti svoje naočare i, sagavši se iza pisaćeg stola, pruži mi pasoš. Otvorio sam ga i, stavivši prst na sliku Edmondson, naterao ga da potvrdi da zaista govorimo o istoj osobi.

46) Nagnut napred pred izlogom, rukama zaklanjajući oči, gledao sam u robnu kuću Standa koja još nije bila otvorena, trudeći se da privučem pažnju neke prodavačice kuckajući pesnicom po prozoru. Kada je konačno jedna od njih obratila pažnju na mene, ja s puno poštovanja pokrih lice i, pokazujući na svoj sat, pogledom je upitah u koliko sati se robna kuća otvara. Posle nekoliko neuspešnih razmena znakova, ona mi priđe vukući noge i, dobro raširivši prste na obe šake, pokaza mi devet prstiju. Zatim, prišavši još bliže, grudi i trbuha priljubljenih uz staklo koje jedva da nas je razdvajalo, usana praktično spuštenih na moje, ona lascivno izgovori: *alle nove*, stvarajući između nas oblačić magle. Pogledah na sat, bilo je pola devet. Udaljio sam se i prošetao po kraju. Konačno sam na drugom mestu našao teniske loptice.

47) Kada sam se vratio u sobu, sasvim tiho sam zatvorio vrata za sobom i, spustivši kutiju s lopticama na prekrivač, nečujno uskočio u krevet da se pridružim Edmondson. Ne otvarajući oči, ona mi reče da ne spava i privuče me sebi držeći me nežno za ramena. Privukla me je sebi i raširila mi mantil, u tišini, otkopčala mi košulju. Obrazi su joj bili topli od sna. Podigao sam čaršave i spustio se preko njenog tela, go na njenoj koži, trbuh uz trbuh, s mantilom raširenim preko nas. Počeli smo da se krećemo; kretali smo se polako i na tome bili veoma zahvalni. Kasnije, pokrivači su se prevrnuli: kada su pali na pod, kutija se otvorila i sve teniske loptice su se rasule po parketu.

48) Edmondson se šminkala kraj lavaboa. Maknula je jednu zavesu, koju je zakačila za stolicu, i sunce je slobodno ulazilo u sobu. Ležeći na leđima, izležavao sam se na krevetu; pružao noge na zrake sunca i dizao glavu da se divim maljama. Edmondson mi se osmehivala u ogledalu. Kada je bila gotova, došla je da sedne pored mene i predložila mi da odemo na doručak. Obukao sam se i izašli smo iz sobe. Na stepeništu, niz koje smo sišli jedno iza drugog, sreli smo onaj par Francuza. Kada su prošli, Edmondson mi reče da joj je tip poznat, da je to Ž... Dormeson. Imamo sreće, očigledno, na našim putovanjima u Italiju. Nekoliko godina ranije, u Rimu, sačekalo nas je iznenađenje kada smo videli Žana Ranžea i Fransoa Platona kako izlaze iz nekog restorana.

49) Sedeći jedno naspram drugog pored prozora, bili smo jedini u hotelskoj trpezariji. Kroz zavese od tila koje su od sunca izgledale još tanje, moglo se videti šta se dešava na ulici. Završili smo doručak. Prekrštenih ruku, pušeći cigaretu pred praznom šoljicom kafe, objašnjavao sam kako sam kupio dve košulje iz Benetona, jednu bledo žutu i drugu plavu, ali nemam šorts. Edmundson nije slušala. Dobro. Teniski klub, nastavio sam, prethodnog dana sam se obavestio telefonom, otvoren je celog dana, tamo bez problema mogu da se iznajme kratke pantalone. Ja sam predložio, i to mi se činilo najjednostavnije, da tamo odemo pre ručka. Eventualno, dodao sam osmehujući se, možemo da prezalogajimo na licu mesta. Ma, slušaš li me? rekoh. Ne, nije me slušala. Iz tašne je izvadila knjigu o italijanskom slikarstvu i, udubljena u čitanje, prelistavala je mrdajući nosom.

50) Vratili smo se u sobu i, sedeći svako na svojoj strani kreveta, više ništa nismo pričali. Sve smo jedno drugome rekli, nismo se slagali. Edmondson, ne bi li iskoristila sunčano vreme, htela je da cunja ulicama, da se šeta, da ide u muzeje. Po njoj, isto tako lepo bismo mogli da igramo tenis i predveče, ako ne i bolje, kazala je, pošto nam sunce neće ići u oči. Pred tolikom zlovoljom, nisam imao šta da kažem; ne, ništa više nisam govorio.

51) Crkva – Svetog Marka – bila je mračna. Išao sam za Edmondson preko volje, ruku nabijenih u džepove kaputa, klizajući đonovime po mramornim pločama, koje su se klatile. Tu i tamo, na po-

du, bilo je i mozaika. Pustio sam Edmondson da krene napred, dugim koracima, prema pozlati i, dok sam je čekao, naslonio se na stub, posmatrajući lukove nad sobom. Kada se vratila (u međuvremenu sam našao klupu da sednem) predložila mi je da odemo do crkvenog trezora i, pomažući mi da ustanem, odvukla me za sobom u brod. Platili smo ulaznice i ja sam morao da pognem glavu kako bih ušao u tesnu kapelu osvetljenu električnom svetlošću. Zidovi su bili prekriveni zastakljenim ormarima, u kojima je bilo izloženo oružje, grnčarija. U staklenom kavezu, na sredini kapele, ležala su druga blaga. Pošli smo za dva stara gospodina duž vitrina, i bili prinuđeni da neprestano zastajemo pošto bi se njih dvojica svaki čas ukopali ispred nas da bi jedan drugome prstom pokazali neki kuriozitet. Dok su, celim telom nagnuti napred, zadignutih naočara, stajali pred nekim lukom i strelom (rekao bi čovek da nikad nisu videli luk i strelu) uspeo sam da se provučem i da ih zaobiđem. Obišao sam prostoriju i izašao, sačekavši Edmondson kraj krstionice, naslonjen na stub.

52) Napolju, svetlost mi je zasenila oči. Edmondson mi se pridružila u porti i rukom se štitila od sunca. Jedno pored drugog pred crkvom, žmirkajuči, pitali smo se šta ćemo dalje. Edmondson, koja je prelistavala svoju knjigu sa italijanskim slikarstvom, htela je da nastavi sa posetama. Ja sam pokušavao da je odvratim od toga. Pred njenom smirenom odlučnošću (nije me slušala) učinilo mi se da neću uspeti da je ubedim da promeni mišljenje. U hotel sam se vratio sam.

53) Kada mi se Edmondson pridružila u sobi, predveče, ja sam baš gledao kroz prozor. Ona je sela na krevet i skinula cipele. Nagnuta napred, objašnjavala mi je kako je otkrila tri fascinantne slike, vrlo mračne, Sebastijana del Pjomba u Muzeju Akademije, a zatim, ne prestajući da trlja noge, upitala me je šta ja mislim o delu toga slikara. Bilo je to teško reći. Posle nekog vremena, pošto mi je ponovila pitanje, priznao sam joj da više nemam želju da ocenjujem slikarstvo. Edmondson je ustala, ne navaljujući. Skinula je haljinu i po koferu tražila sportsku suknju. Dodao sam kako više nemam želju ni da igram tenis. Edmondson je tada ponovo obukla haljinu, smatrala je da sam dosadan (uostalom, nemam ni šorts, rekao sam).

54) Malo pre večere, ponovo smo izašli. Edmondson me je uhvatila za ruku i polako smo koračali ulicama, zastajući da pročitamo zidne plakate koji su najavljivali koncerte, predstave, plakatiće koji su obaveštavali o preminulima. Jedan od njih, beo list hartije uokviren crnom linijom, sumorno je objavljivao smrt nekog mladića od dvadeset i tri godine. Otkrinuo sam umrlicu.

55) Nastavili smo šetnju. Edmondson me je gledala nekako čudno, i njen pogled na meni izazivao je uznemirenost. Ljubazno sam je zamolio da me više ne gleda i, tokom nekoliko trenutaka, osećao sam se bolje. Zastajali smo pred izlozima prodavnica. Dugo smo stajali pred nekom zlatarskom radnjom, ušli smo u neki kafe. Bio je to lokal dekorisan u drvetu. U mračnoj sali, sedeći na

plišanim stolicama, stare dame su jele sorbete dugačkim kašičicama, pile čaj, čokoladu. Govorile su baršunasto. Edmondson je otvorila jelovnik preda mnom. Nisam hteo ništa da pijem, ništa da jedem. Kelnerica je čekala kraj stola. Pošto me je njeno prisustvo požurivalo, naručio sam belu gospu – samo da bi se sklonila.

56) Gledao sam kako se sladoled topi ispred mene. Gledao sam kako se vanila neprimetno topi pod prelivom od vrele čokolade. Gledao sam kuglu koja je jednog trenutka još bila okrugla a već sledećeg je polako curkala u pravilnim belim i mrkim izmešanim mlazovima. Gledao sam kretanje, nepomičan, očiju uprtih u čašu. Nisam se micao. Ruku ukočenih na stolu, svom snagom sam se trudio da sačuvam nepokretnost, da je zadržim, ali sam dobro osećao da se i niz moje telo sliva kretanje.

57) Izišli smo iz kafea i vratili se u hotel. S rukama u džepovima kaputa, išao sam oborene glave, pritiskajući koracima trotoar kako bih potopio grad u vodu. Kad god bih se spustio niz neke stepenice, diskretno bih skupljenioh nogu skočio na zemlju, čekajući Edmondson na dnu stepeništa, pozivajući je da i ona učini isto. Ako grad tone trideset centimetara na vek, objašnjavao sam, znači, tri milimetra godišnje, odnosno nula zapeta nula nula osamdeset i dva milimetra dnevno, odnosno nula zapeta nula nula nula nula nula nula jedan milimetar u sekundi, onda razumno možemo sma-

trati, ako snažno utiskujemo korake u pločnike, da smo donekle doprineli potapanju grada.

58) Zalutali smo. Izgubili smo se. Edmondson me je čekala narsed nekog malog trga a ja sam kružio unaokolo, zalazeći u svaku uličicu oko njega kako bih pokušao da uočim neki poznat prizor. Uzalud. Umorni od te šetnje kojoj nije bilo kraja (sunce je zalazilo) odlučili smo da se vratimo vaporetom. Dok je Edmondson u stanici kupovala karte, ja sam otišao da pogledam plan grada na zidnom panou. Pored mene, neka gospođa je pomerala prst po mapi, nikako ne prestajući da kažiprstom prati putanju neke ulice. Smetala mi je, ništa nisam video. Lupnuo sam je po ruci.

59) Večerali smo u nekom restoranu u kraju. Kada smo se vratili u sobu, legao sam na krevet ne potrudivši se ni da skinem mantil. S rukom na potiljku, mirno sam pušio cigaretu. Gledao sam u tavanicu. Edmondson je sedela na stolici naspram mene. S vremena na vreme, nastavljali smo razgovor započet za večerom, isprekidano, nepovezano. U restoranu, kada je Edmondson pomenula rezervaciju kušet kola, ja sam rekao da nije potrebno. Nisam imao želju da se vratim u Pariz. Ne (bio sam izričit).

60) Sledećeg dana, tako reći uopšte nisam izlazio. Čitanje Paskalovih Misli (na engleskom, na nesreću, u džepnom izdanju koje je ležalo na nekom stolu u baru).

61) Prilično retko sam viđao Edmondson. Skoro nikad nije bila u hotelu. Posle ručka, na koji smo odlazili zajedno u trpezariju, otišli bismo u bar na kafu i, sedeći jedno pored drugog na visokim stolicama, razgovarali o ovom i onom, Edmondson mi je pričala kako je provela jutro, na primer. Zatim sam se ja vraćao u sobu a Edmondson je nestajala sve do predveče. Ponekad, dešavalo joj se da izađe čak i posle večere. Tako je jedne večeri bila na koncertu u nekoj crkvi, gde su svirali dela Mocarta i Šopena.

62) Dok sam bacao pikado, bio sam miran, opušten. Osećao sam spokojstvo. Praznina me je postepeno ispunjavala i prožimala me sve dok ne bi nestao svaki trag napetosti u mom duhu. Tada bih – snažnim zamahom – hitnuo strelicu u metu.

63) Kupio sam blok hartije za pisma kod prodavca novina i, u svojoj sobi, sedeći za velikim okruglim stolom, na hartiji nacrtao dva stupca. U prvi sam upisao imena pet zemalja: Belgije, Francuske, Švedske, Italije i Sjedinjenih Država, a pored, u drugom, naveo rezultate mojih partija pikada. Posle te prve faze, eliminatorne, organizovao sam susrete između dve nacionalne ekipe koje su sakupile najviše poena. U finalu su se srele Belgija i Francuska. Još od prve serije bacanja, moj narod, veoma pribran, lako je stekao prednost nad nespretnim Francuzima.

64) Ono što mi se sviđa na Mondrijanovim slikama jeste njihova nepomičnost. Nijedan slikar

nije se toliko primakao nepokretnosti. Nepokret-nost nije odsustvo pokreta, nego odsustvo svake mogućnosti pokreta, ona je smrt. Slika, uglavnom, nikada nije nepokretna. Kao u šahu, njena nepo-kretnost je dinamična. Svaka figura, nepomična sila, jeste potencijalan pokret. Kod Mondrijana, nepokretnost je nepokretna. Možda zato Edmond-son smatra da je Mondrijan serator. Mene, me-đutim, čini sigurnim. Sa strelicom u ruci, posma-tram metu okačenu na krilo ormara, i pitam se zašto me je ta meta, pre nego na Džaspera Džonsa, naterala da pomislim na Edmondson.

65) Moji su košmari bili kruti, geometrijski. Sadržina im je bila kratka, uvek mučna: kovitlac koji me obuzima i nosi me u svoje središte, na primer, ili prave linije koje mi stoje pred očima i čiju strukturu beskonačno pokušavam da izmenim, zamenjujući jedan segment drugim, uz neprestane ispravke, kako bi se one pročistile. Od pre nekoliko dana, toliko sam igrao pikado da su mi tokom noći, povrh sna, isplivavale opsesivne slike meta.

66) Kada bi Edmondson provela veče u hotelu, posle večere, vodio sam je u bar na piće. Iz radija iza šanka se širila muzika. Posle nekoliko trenuta-ka, barmen bi sišao sa stolice i, ne odgovarajući na osmehe na koje sam verovao da imam pravo da mu upućujem u ime srdačnih odnosa koje smo imali pre dolaska Edmondson (moj prijatelj barmen, tako sam ga u početku zvao) mrzovoljno je primao narudžbinu i posluživao nas ćutke.

67) Jedno veče, zamolio sam Edmondson da večeramo malo ranije nego inače, jer je u pola devet, u revanš meču osmine finala Evropskog kupa pobednika kupova, Inter Milano bio domaćin Glazgov Rendžersima. Petnaest dana ranije, u Škotskoj, dve ekipe su odigrale nikakvu utakmicu. Posle obroka, Edmondson mi se pridružila u salonu hotela, gde se nalazio televizor. Utakmica je odmah počela. Škotlanđani, grupisani u odbrani, igrali su zatvoreno i taktizirali su da nanesu štetu protivniku. Sedeo sam na manje od metar od ekrana. Edmondson je pratila susret iza mene, napola ležeći na trosedu. Mislila je da pomalo ličim na jednog od igrača. Protestovao sam (bio je to jedan visoki riđokosi s pegama po licu). Da, pomalo, po načinu trčanja. Ćuti, rekao sam; (jer je Edmondson znala kako ja trčim?). Na poluvremenu, Inter iz Milana je već vodio s dva prema nula. Vratili smo se u sobu pre kraja utakmice.

68) Kada sam se probudio, ujutro, video sam dan pred sobom kao neko mračno more iza mojih zatvorenih očiju, beskonačno more, nepovratno zaleđeno.

69) Događalo mi se ponekad da se probudim usred noći, a da ne otvorim oči. Držao sam ih zatvorene i stavljao dlan na Edmondsoninu ruku. Tražio sam joj da me uteši. Nežnim glasom, pitala me je zbog čega tražim utehu. Da me utešiš, rekao sam. Ali zbog čega, rekla je ona. Da me utešiš, rekao sam (*to console, not to comfort*).

70) *But when I thoughth more deeply, and after I had found the cause for all our distress, I wanted to discover its reason, I found out there was a valid one, which consists in the natural distress of our weak and mortal condition, and so miserable, that nothing can console us, when we think it over* (Paskal, Misli).

71) Posle popodnevnog odmora, nisam odmah ustajao. Ne, radije bih čekao. Poriv bi došao pre ili kasnije, što mi je omogućavalo da se krećem a da moje telo to ne zna, opuštenih pokreta o kojima se ne razmišlja.

72) Edmondson je htela da se vratimo u Pariz. Ja sam prilično oklevao, nisam hteo da se mrdam.

73) Kada smo ručali u hotelskoj trpezariji, osećao sam Edmondsonin pogled na sebi. Nastavljao sam da jedem u tišini. Ali, imao sam želju da se vratim u sobu, da se osamim. Nisam hteo da osetim pogled na sebi. Nisam hteo da budem viđen.

74) Nisam imao želju da razgovaram. U sobi sam ostajao u ogrtaču, igrao pikado čitav dan.

75) Edmondson je smatrala da je ugnjetavam. Pustio sam je da priča, nastavio da igram pikado. Zamolila me je da prestanem, nisam odgovarao. Slao sam strelice u metu, išao da ih nađem. Stojeći pred prozorom, Edmondson nije skidala pogled s mene. Ponovo me je zamolila da prestanem. Iz sve snage sam joj uputio jednu strelicu, koja joj se

zabola u čelo. Pala je na kolena na pod. Približio sam joj se, izvukao strelicu (drhtao sam). Nije to ništa, rekao sam, ogrebotina.

76) Edmondson je gubila krv, odvukao sam je iz sobe. Sišli smo do recepcije. Trčali smo hodnicima, tražili lekara. Stavio sam je na jednu stolicu u predvorju hotela, istrčao napolje. Ali gde da idem? Trčao sam, trčao ulicama. Zaustavio sam se i vratio istim putem. Kad sam stigao u hotel, oko Edmondson se nalazilo nekoliko osoba, pa smo je ogrnuli ćebetom. Jedan čovek mi je tihim glasom rekao da će je prevesti u bolnicu, da hitna pomoć stiže. Osetio sam se malaksalo, nisam više želeo nikoga da vidim, ušao sam u hotel, popio viski u baru. Bolničari su konačno došli. Pomogao sam Edmondson da ustane, pridržavao sam je oko struka, ona se oslanjala na moje rame. Izašli smo na ulicu, popeli se u brodić. Brzi čamac je odmah krenuo, provukavši se u punoj brzini između dva ogromna pontona. Sedeo sam napred, držao oči otvorene, s vetrom u lice. Okrenuo sam se i video Edmondson, koja je sedela na klupici, veoma bledog lica, ramena prekrivenih crvenom i crnom vunom.

77) Edmondson je legla na klupicu, pokrila grudi ćebetom. Pružila se, uzdignute glave, otvorenih očiju. Klizali smo kanalom punom brzinom, izbegavajući ostala plovila. Gledao sam bolničara koji je manevrisao u kabini. Pri svakom skretanju, Edmondson se čvršće pridržavala za klupicu. Ruke su joj izgubile snagu prilikom jedne duže krivine,

šake su se pustile i ona je pala na pod. Jedan bolničar mi je pomogao da je podignem, držali smo je da sedi na zemlji, leđima oslonjena na klupicu. Izgubila je svest. Trebalo ju je nositi kad smo stigli u bolnicu. Hodao sam kraj bolničara, stiskao Edmondsoninu ruku u svojoj. Rekli su mi da čekam tu, u jednom hodniku.

78) Čekao sam sedeći na klupi. Hodnik je bio pust, beskrajno dugačak, beo. Nije bilo nikakvog zvuka, samo miris etera: isparenje smrti, konkretno, od kojeg mi je bilo muka. Pribrao sam se na klupi, zatvorio oči. S vremena na vreme, neko bi ušao u hodnik, prošao kraj mene i nastavio da hoda sve do drugog kraja hodnika.

79) Ustao sam i napravio nekoliko koraka kraj klupe. Polako sam se udaljavao, idući ka drugom kraju hodnika. Prošao sam kroz zastakljena vrata i stigao u uzan hodnik, veoma mračan, gde su se nalazili teretni lift i stepenište. Seo sam na prve stepenike i ostao tu, leđa oslonjenih na zid, sve dok se iznad mene nije začuo neki zvuk. Ustao sam i popeo se stepenicama. Na spratu, skrenuo sam levo i krenuo dugim hodnikom. Sa svake strane su mi bili zidovi sa visokim prozorima. Zastao sam da bih upitao jednog bolničara da mi kaže... ne znam više šta. Pogledao me je na čudan način i sledio me pogledom. Ubrzao sam korak, popeo se drugim stepenicama. Na trećem spratu, seo sam na klupicu, prekoputa lifta. Posle par trenutaka, automatska vrata su se otvorila preda mnom. Ušao sam u kabinu. Bila je veoma velika, siva. Pritisnuo sam

dugme za silaženje. Automatska vrata su se zatvorila. Kabina se pokrenula, polako se spuštala. Zaustavila se. Automatska vrata su se otvorila. Izašao sam i gurnuo zastakljena vrata u hodniku; Edmondson je bila tu.

80) Poljubili smo se u belom hodniku.

PARIZ

1) Edmondson (moja ljubav) vratila se u Pariz.

2) Tog jutra kada je pošla, otpratio sam je do železničke stanice; nosio sam joj kofer. Na peronu, pred otvorenim vratima vagona, hteo sam da je stegnem rukama; nežno me je odgurnula. Vrata su se zalupila jedna za drugim. I voz je krenuo kao što se cepa haljina.

3) Proveo sam nekoliko dana u hotelu. Nisam izlazio, nisam se mrdao iz sobe. Osećao sam se kao da imam groznicu. Noću, oštri bolovi su mi ubijali čelo, oči su mi gorele, ključale. Sve je bilo crno, nije mi bilo dobro. Patnja je bila konačno uverenje da postojim, jedino.

4) Patio sam – rendgenske slike čela i nosa koje sam konačno otišao da odnesem u bolnicu to su otkrile – od sinusitisa u ranom stadijumu. Lekar koji me je pregledao nije se usuđivao da me punktira; oklevao je, gledao rendgenske snimke naspram snažne sijalice. Na kraju je procenio da će pratiti kako se razvija zapaljenje i odlučiti kroz nekoliko dana, posle još jednog rendgenskog snim-

ka lica. Hirurški zahvat, bezopasan, uveravao je, ne treba isključiti.

5) Izašao sam iz njegove ordinacije sa svojim rendgenskim snimcima i vratio se u prijemno odeljenje, gde sam tražio sobu. Bolničarka na prijemnom nije razumela francuski, ali neki gospodin koji je čekao pored mene, pošto je video da smo se našli na muci, predložio je da prevede moj zahtev. Zatim, dok sam vadio svoje rendgenske snimke iz omota i u predvorju pokazivao svoju lobanju svima koji su se nalazili oko nas, bolničarka me je zamolila da budem tako ljubazan da sačekam i nekoliko trenutaka kasnije se pojavila sa nekom starijom bolničarkom, kojoj kao da je bilo neugodno. Gospodin koji je prevodio preveo je kako ću kroz nekoliko dana biti operisan i želim da već danas budem primljen u bolnicu ne bih li se odmorio pre zahvata. Bolničarka je gospodina pitala za ime lekara koji me leči. Odgovorio sam gospodinu da ga ne znam, što je on brižljivo preveo bolničarki. Na kraju su me odveli u neku sobu u dnu hodnika.

6) Bila je to soba sa dva kreveta. Zidovi su bili beli, kreveti beli. Otškrinuta vrata vodila su u mali toalet u kojem se nalatila sedeća kada, sa paralelnim ivicama i ravnim, izdignutim sedištem. Drugi krevet u sobi, bez čaršava, bio je prazan; dva ogromna jastuka baškarila su se ispod prekrivača. Ostavio sam teniski reket na stolici, smestio se, otvorio prozor. Gledao je u neko dvorište. Na zidu preko puta, prozori su gledali u druge sobe.

7) U dvorištu se nije dešavalo gotovo ništa. S vremena na vreme, preko puta mene, neki čovek se šetao po jednoj sobi. Bio je to stariji čovek, sede kose, koji je nosio flanelsku pižamu. Ponekad bi se ukopao pred svojim prozorom, tako da bismo stajali licem u lice, piljili jedan u drugog. Nijedan od nas nije hteo da obori pogled. Premda je udaljenost ublažavala snagu pogleda, posle nekoliko minuta, dok smo nastavljali da se nepomično posmatramo, počeo sam da osećam bockanje u slepoočnicama, ali nisam obarao oči; ne, zatvorio sam ih.

8) Pošto više nisam imao cigareta, toplo sam se obukao, stavio kaput i šal. Zatvorio sam vrata za sobom i produžio hodnikom do izlaza. Povremeno bih se, u prolazu, osmehnuo nekoj bolničarki koju bih prepoznao. Na ulici bih svratio u kiosk sa cigaretama, a zatim bih uglavnom otišao preko puta da popijem kafu. Mladić za šankom počeo je da me prepoznaje, znao je da pijem espreso s nekoliko kapi hladnog mleka. Na izlasku bih otišao da kupim novine i vratio se u bolnicu prelistavajući ih.

9) Bolnički hol uvek je bio prepun ljudi koji su čekali. U hodnicima, sretao sam se sa nosilima, sa ostacima hrane. Ponekad bi pod bio vlažan. Bolničarke su prale i trljale pločice. Miris etera bi na trenutak ustupio mesto onom kiselom mirisu belila.

10) Otkako sam se dva dana ranije smestio, soba je nosila trag moga prisustva, novine su ležale poređane na noćnom stočiću, kaput mi je visio na čiviluku, čaša za zube bila je puna pepela, opušaka.

Ponekad mi se dešavalo da izvadim neki rendgenski snimak iz omota kako bih posmatrao svoju lobanju; ispitivao sam je najradije kraj prozora, gde se jasno providi, ruku ispruženih ispred sebe. Bila je to bela, izdužena lobanja. Čeone kosti su se sužavale u visini slepoočnica. Četiri plombe u ustima jasno su se ocrtavale. Ivice sekutića bile su iskrzane, jedan pravilno, a drugi samo s jedne strane, tamo gde je nedostajalo parče. Oči su bile neverovatno bele, uznemirene, bušne.

11) Bolničarke su većinom bile dobre prema meni. Samo glavna sestra je prema meni gajila antipatiju. Kad god bi ušla u sobu, polako bi obišla oko moga kreveta i nepoverljivo me osmotrila. *Vietato fumare*, kazala bi. *No comprendo*, odgovarao sam ja tiho, umirujućim tonom. *Vietato fumare*, ponavljala je ona, *vietato*. Širom bi otvorila prozor da provetri. Zavese bi kroz prozor počele da lepršaju, moje novine je vetar podizao na noćnom stočiću.

12) Jelo je donošeno u moju sobu u određeno vreme, ja ga ne bih ni takao. Iz radoznalosti bih pogledao šta ima u tanjiru; pire je menjao samo boju, od bledožute do narandžaste. Tanjir je satima ostajao na stolu. Ponekad bih, kada bih prošao pored njega, gurnuo prst u pire i olizao ga da ga okusim. Bio je bezukusan. Ono što sam ja jeo bilo je bolje. Kafe kraj bolnice u koji sam odlazio u podne je služio dnevni jelovnik, i ja sam s onim mladićem dogovorio da dolazi i donosi mi ručak u sobu, uz pola boce kjantija (njihovo domaće vino

trebalo je izbegavati, peckalo je). Posle ručka sam odnosio tanjir u kafe i plaćao ručak. Nisam odmah izlazio napolje. Ne, nisam žurio, popio bih espreso za šankom, častio mladića rakijicom.

13) Dok bih prolazio glavnim bolničkim hodnikom, dešavalo mi se da pokucam na vrata ordinacije mog lekara. Kada bi se zelena lampica upalila iznad mene, ušao bih. Čekao sam stojeći ispred stola. Moj lekar je i dalje pisao. Pomalo sam stekao utisak da mu smetam. Ma ne, rekao bi mi da sednem, stegao bi mi ruku, sav nasmejan. Razgovarali bismo o ovome i onome. Bio je to topao čovek, od četrdesetak godina, koji je francuski govorio izvanredno dobro za jednog lekara. On me je zapitkivao, ja sam uzdržano odgovarao. Od samog početka, ako ćemo pravo, nisam bio iskren prema njemu. Ne, ubedio sam ga da sam sociolog, a u stvari sam istoričar. Ali on kao da se zanimao za moje priče i, ako mu i nisam bio simpatičan, a ono sam mu bar bio zanimljiv, kao što je, na primer, zanimljiva neka zlokobna slika iz četrnaestog veka. Kad god bi imao slobodnog vremena, obavezno bi svratio u moju sobu; seo bi na ivicu kreveta i nastavili bismo razgovor. Mada nije izgledalo kao da se uopšte brine za stanje moga zdravlja (sinusitis, po njemu, sasvim je obična stvar) odista ljubazno, kao da se pribojavao da mi na kraju ne dosadi po ceo dan samom u onoj bolnici, pa je tako jednog popodneva gotovo stidljivo došao da mi javi da će njegova žena i on biti srećni da me pozovu na večeru.

14) Početkom večeri ponovo sam otišao kod svog lekara u njegovu ordinaciju. Čekao me je sedeći na stolu, odeven u mrko gradsko odelo, čitajući novine. Pažljivo ih je presavio i, za rame me vukući napolje, upitao me da li volim bubrege. Volim, a vi? rekoh ja. I on ih je voleo. Izašli smo iz bolnice i, na ulici, nastavili da još malo razgovaramo o našim ukusima. Stan mu se nalazio na dva koraka od bolnice. Pre nego što smo se popeli kod njega, blago me udarivši u stomak, on mi je priznao da njegova majka kuva bolje od njegove ženе.

15) Žena mog lekara dočekala nas je u predsoblju. Ljubazno sam joj stisnuo ruku (dobar dan, gospođo), osvrnuo se oko sebe, prstom dotakao glavu njihove ćerkice, koja se odmah izmakla. Mama mi se osmehnula, izvinjavajući se, okačila moj mantil na naslon stolice i uvela me u salon. Polako sam obišao oko sobe, pregledao knjige u biblioteci, otišao da pogledam kroz prozor. Već je bila noć. Nadam se da volite bubrege, kazala mi je domaćica. Jeste, voli, odgovorio je moj lekar. Ne osvrćući se, pratio sam kretanje njegove senke u odrazu u oknu. Na kraju je seo, žena je sela pored njega. Na kanabetu je između njih dvoje ostalo još malo mesta za mene, ali u poslednjem trenutku, odustajući od toga da ga zauzmem, otišao sam da sednem na stolici sa strane. Osmehnuli smo se jedni drugima. Tokom aperitiva – tečnosti koja je u sebi mešala takve nezgodne okolnosti kao što su da bude ružičasta, gorka i iskričava – razgovarali smo, sa različitim zanimanjem, o slikarstvu i sportskom

jedrenju. Bili smo opušteni, upuštao sam se u rasprave, čak i napravio neku šalu. Žena mog lekara našla je da imam engleski smisao za humor.

16) Posle aperitiva, kada je moj lekar pošao sa ženom do kuhinje da flambira bubrege, ostao sam nasamo sa ćerkicom koja se vratila u dnevnu sobu, ali ne pre nego što me je prvo dugo špijunirala iza vrata. Pošto je dva puta obišla krug oko moje stolice, nepomično je stala pored mene, oprezno spustila ruku na moju butinu i osmehnula mi se. Pitao sam je da li zna francuski. Ona odgovori da zna dugo klimajući glavom, sasvim pravo, skupljenih malih kolena. Pitao sam je koje reči zna na francuskom. Ona me je veoma zbunjeno pogledala. Oči su joj bile sasvim crne. Kosa joj je bila kovrdžava, takođe crna, i nosila je pantalone sa crveno-belim tregerima. Pošto nije odgovarala, ja se nagoh napred i upitah je hoće li da joj ispričam priču. Seo sam pored nje na tepih i, tihim glasom, počeo da joj pričam o brodolomu Titanika. Moja priča izgleda ju je veoma zabavljala, pošto se neprestano smejala, najpre stidljivo, oborenih očiju, zatim otvoreno, gledajući me sa zahvalnošću dok sam veslao u čamcu za spasavanje.

17) Bubrezi su bili vrlo dobri, flambirani na viskiju. Ponudili su mi sos, dolivali mi vino. Mada je bila jedva malo starija od mene, domaćica se sa mnom ophodila kao sa detetom. Sedeći levo od mene, pogledom proveravajući da li mi nešto nedostaje, zapitkivala me je, htela da zna igram li bridž. Rekoh joj da ne znam. Ali igrate tenis, čini

mi se, reče mi moj lekar. Nego šta, rekoh ja. Zaista? reče njegova žena. Ako hoćete... sutra... u klubu... ako bude lepo vreme. Hoćete li? Nego šta, ponovih ja. Ona je smesta ugovorila mešoviti dubl za sledeće jutro, ja ću igrati s nekom njenom prijateljicom, veoma dobrom igračicom, videćete. Zamišljeno sam se zahvalio, a zatim, posle malo oklevanja, priznao lekaru da nemam šorts. Moj lekar, praktičan čovek, odlučio je da tu stvar smesta reši. Obrisao je usta, ustao od stola i nestao u nekoj drugoj sobi, sa salvetom u ruci. Pojavio se nekoliko trenutaka kasnije sa šortsom, koji mi je stavio pored tanjira. Zatim je ponovo seo i počeo da se pita gde bi bilo najzgodnije da se sretnemo za partiju tenisa. To pitanje kao da je za njega bilo izvanredno značajno. Pošto je razmislio, objasnivši da još ima da sređuje papire u ordinaciji, reče da će me sledećeg jutra čekati u bolnici oko pola devet. Odgovorih mu da je to, zaista, veoma mudro, i delovao je kao da je zadovoljan. Malo pre kraja obeda, kada sam, sasvim nehotično, hteo da obrišem usta šortsom, žena mog lekara uhvatila me je za ruku, i sve nastavljajući razgovor, umesto njega pružila mi salvetu.

18) Prešli smo u salon i, sedeći zavaljen u fotelji, pijući gutljaj konjaka iz okruglaste čaše, ravnodušno sam posmatrao šorts mog lekara koji je labavo visio u mojoj levoj ruci. Bio je, očigledno, suviše veliki za mene. Ne, nije moguće, rekao sam ostavljajući ga na stolu. Odevena u pamučnu pižamu boje kajsije, ćerkica je smesta skočila sa stolice i dohvatila šorts da se njime češlja. Obišla je

oko sobe pljeskajući rukama. Pošto nikako nije pristajala da ode na spavanje, posle nekog vremena, oštrim glasom, moj lekar reče da je pola dvanaest, što je devojčicu izgleda napola ubedilo. Bila je spremna da krene na spavanje, ali začudo, odbijala je da poljubi gosta. Kako ne bi delovalo kao da previše napadno očekuje poljubac, ravnodušnim glasom sam upitao roditelje kako se ona zove. Lora, reče suvo moj lekar, koji je već vidno počeo da gubi strpljenje. Dohvatio je đavolka ispod ruku, podigao ga sa zemlje, mehanički primakao njegovo lice mom obrazu i pod rukom ga izneo napolje.

19) Kada sam stigao u bolnicu, sva svetla su bila pogašena. Hol je bio u pomrčini. U zastakljenoj, osvetljenoj sobi bolničarke su razgovarale tihim glasom, plele; termos-boca i kutija keksa ležali su na stolu. Bešumno sam prošao ispred sobe i ušao u glavni hodnik. Po uglovima hodnika gorele su plave noćne svetiljke. Sasvim tiho sam otvorio vrata svoje sobe i skinuo se u mraku.

20) Sledećeg jutra, u belodžutoj košulji i platnenim pantalonama, sa teniskim reketom u rukama, izašao sam iz sobe vrlo rano i otišao da se nađem sa lekarom. Bolnički hodnici bili su svetli, velika stakla su blistala. Prošao sam kroz veoma svetao hodnik u kojem je razgovarala grupa bolničarki i, u dnu hodnika, pored neke bolesnice u pižami, opazio mog lekara sa kačketom na glavi kako se šetka gore-dole u šortsu, s rukama na leđima. Stisnuo mi je ruku i, ozbiljno klimnuvši

glavom, rekao mi da je loše volje zato što je bolnička administracija zaključala njegovu ordinaciju (i svake nedelje isto, reče, udarivši reketom u vrata).

21) U glavnom hodniku, dok smo s kraja na kraj išli ka izlazu, neki čovek prišao je mom lekaru. Tužnog izraza lica, sa šeširom u rukama, postavio mu je izvestan broj pitanja na koja je moj lekar odgovarao lakonski dok je proveravao žice na reketu. Na kraju, pošto je gospodin bio uporan, moj lekar je digao glavu i, oštrim tonom, rekao da je nedelja i da on nedeljom ne radi. Zatim, ponovo ljubazan, nastavio je dalje, okrenuo se ka meni i upitao jesam li doručkovao.

22) U kafeu je vladala nedeljna jutarnja živost, neka vrsta društvenog lenstvovanja, sumornog i ćutljivog. Sunce je dopiralo do pola sale. U jednom uglu, u senci, neki čovek je čitao novine i neumorno kašičicom mešao kafu. Moj lekar je spustio kačket na šank i, naginjući se napred, sa odlučnošću koju je stekao poznavanjem jezika, obratio se momku da naruči. Dok je čekao da ih posluže, pošto ga nije držalo mesto, počeo je da se zagreva za partiju tenisa. U beloj majici i šortsu, blistav u svojoj sportskoj odeći, opustio je i protresao ruke, noge. Momak je spustio kafe pred nas. Moj lekar se nalaktio na šank i, pošto je brzo bacio pogled unaokolo, nastavljajući da se polako zagreva, izabrao mali kroasan sa džemom, koji je progutao kao haringu, glave zabačene unazad. Zatim, obrisavši usta salvetom, uhvatio me je za ruku

lepljivim prstima i, podsećajući me na prethodno veče koje smo proveli zajedno, rekao mi u pola glasa – kao da je to nešto veoma zanimljivo – da sam se dopao njegovoj ženi.

23) Žena mog lekara čekala nas je u teniskom klubu, sedeći u kratkoj haljinici na terasi restorana, lica zabačenog unazad, sa rombovima naočara za sunce koji su se ocrtavali na njegovom vrhu. Sedela je za udaljenim stolom, pod suncobranom, u društvu nekog krupnog plavog čoveka – koji se kreveljio. Čim smo stigli do njih, skinuvši naočare, sva nasmejana, ona mi ga predstavi: to je njen stariji brat. Rekoh da mi je veoma drago. Krupni plavušan, nepomičan na svojoj stolici, nije se ni mrdnuo; ali izgledao je pomalo razdraženo kad se moj lekar nagnuo da ga poljubi. Seli smo pored njih, spustili rekete na sto. Dok je, oslanjajući se na stolicu, moj lekar vezivao pertle na patikama, njegova žena nam je objašnjavala kako nije mogla da rezerviše teren pre jedanaest sati. Čekali smo ćaskajući o ovome i onome, šaleći se. Bilo je lepo vreme. Krupni plavušan bi katkad sa dosadom uzdahnuo.

24) Kada je tokom razgovora – i to baš u tom trenutku, a ne ranije – žena mog lekara objasnila da je njena prijateljica morala da odustane pošto je sa prijateljima otišla na vikend na selo, shvatio sam da je on, krupni plavušan, moj partner u mešovitom dublu.

25) Kad je trebalo da pođemo da igramo, dok se moj lekar već udaljavao, grabeći krupnim koracima, prema terenu broj tri, krupni plavušan, koji je ostao sedeći na stolici, reče sestri da neće igrati. Kada ga je, vidno iznenađena, ona upitala zašto, on je odgovorio da ne mora da se pravda. Razmenili su prilično oštre poglede, sestra je počela brzo da govori, da jako maše rukama. On se, mrtav hladan, nije ni mrdnuo; mirno ju je slušao, čačkajući zub čačkalicom. Moj lekar se posle nekoliko minuta vratio pocupkujući, uzdignute glave i ispitivačkog pogleda. Kada se obavestio o situaciji, čučnuo je pred svog pašenoga i, ne bi li ga ubedio da dođe da igra, šapućući mu nešto, tapšao ga po debelim butinama, štipkao ga za obraze. Nastavljajući da čačka zube, sve umornijeg izraza lica, krupni plavušan odmahivao je glavom. Na kraju je ustao i, pre nego što se udaljio, izvadivši čačkalicu iz usta, otegnutim glasom rekao da možemo da se jebemo.

26) Žena mog lekara izgledala je očajna. Moj lekar je ponovo seo i, sa zabrinutim izrazom lica, trudeći se da se smiri, posmatrao svoje ruke, upoređivao ih. Zatim je vratio kačket na glavu i namestio ga. Ustao je uzdišući i, neodlučno, rekao da treba krenuti. *Porca miseria.* Krenuli smo. Teren broj tri bio je pod drvećem, na stotinak metara od klupskog paviljona. Polako smo išli jedno za drugim preko šljunka, između zelenih travnjaka, dobro održavanih. Neki baštovan je skinuo šešir da pozdravi mog lekara, koji je možda bio i njegov. Moj lekar, koji se vraćao u život kako smo se približavali terenu, rukovao se, pozdravljao igrače kroz

žičane ograde. Poslednih nekoliko metara čak je i pružio korak, pa je veselo, žustro koračajući, prošao kroz vratanca terena. Za njim, mirno koračajući stazom, njegova žena mi je objašnjavala da njihova ćerka provodi dan kod jedne od svojih baka.

27) Vratanca su vodila prema tri istovetna terena s nabijenom zemljom, koji su upravo bili zaliveni. Prošli smo pored prva dva i pridružili se mom lekaru koji se već oprobavao u servisu, okrenut postrance prema ivičnoj liniji. Njegova žena spustila je ručnu torbicu na ivicu terena, namestila kosu u punđu i gipkim sitnim koracima otišla da zauzme mesto naspram njega. Čim je zakoračila na teren on joj je uputio krajnje žestok servis. Veoma ponosan na sebe, zadigavši ramena na majici kako to rade veliki igrači, diskretno se okrenuo ka meni da osmotri moju reakciju, i kada je video kako sedim na zelenoj stolici, sa rukama na potiljku, doviknuo mi da stanem na svoje mesto. Pristom sam mu dao znak da neću. On nije navaljivao i, bacivši se napred, stisnutih vilica istom jačinom bacio lopticu u suprotan pravougaonik.

28) Ostavio sam svog lekara i njegovu ženu usred žestokog meča na terenu broj tri i, laganim korakom, prošetao se po vrtovima kluba, špartao alejama slušajući škripanje sljunka pod mojim nogama. S vremena na vreme zastao bih kraj žičane ograde da pogledom ispratim neki set. Pošto je sunce počelo da žeže, nastavljajući šetnju, zamakao sam u pravcu nekog šumarka, gde sam

83

našao klupu u senci. Na terenu naspram mene, okruženom drvećem, tri mršava mladića maljavih nogu igrali su neki čudan tenis. Idući krupnim koracima ka lopti, skačući u cik-cak u poslednjem trenutku da zauzmu mesto, upućivali su, ukrućenih nogu, snažne udarce reketom u različitim pravcima. Jedan od njih, za koga nisam baš uspeo da dokučim da li radije igra na levoj ili desnoj strani terena, često je hodao duž ograde češkajući se po butini, sa reketom u ruci, u potrazi za lopticama. Kad god bi se sagnuo da pokupi neku, stavio bi ruku na naočare da mu ne bi pale na zemlju. Zatim, iznenada krenuvši sitnim koracima, prišao bi jednom ili drugom saigraču na terenu, bacio lopticu vrlo visoko da odskoči ispred njega i očajničkim pokretom koji je jednako ličio na umetničko klizanje kao i na francuski boks, razdragano je udario, sve poskakujući.

29) Pola sata kasnije, na terasi restorana, zatekao sam onu krabu kako sedi sasvim sam za jednim stolom, sa frotirom oko vrata i uz džin tonik čeka da povrati dah. Njegovi drugovi su ga, izgleda, napustili. Seo sam za obližnji sto i ravnodušno bacio pogled na jelovnik čekajući svog lekara. Pojavio se sav oznojen desetak minuta kasnije, iscrpljen ali zadovoljan. Opruživši se koliko je dug u jednoj stolici, trijumfalno je objavio šest-nula, šest-nula, a zatim skinuo patike i čarape. Čim se zavalio sa izrazom velikog zadovoljstva, pustivši ruke da mu se klate i pruživši noge ispred sebe da provetri stopala, prišao mu je kelner da mu kaže da ga zovu na telefon. *Porca miseria.* Uzdišući, ustao

je, bosonog otišao preko terase, sa čarapama preko ramena i, prešavši šljunčanu stazu na vrhovima prstiju, pognuo glavu i ušao u malu pomoćnu zgradu pored paviljona. Skoro odmah je izašao i, vrativši se do podnožja stepeništa još jednom se izvijajući dok je prelazio šljunčanu stazu, doviknuo mi skupivši ruke oko usta da ide pod tuš. Tuš, ponovio je.

30) Posle tuša, moj lekar se opet pojavio na terasi obučen u platnene pantalone i majicu boje lososa, vlažne· kose zalizane unazad i izbrazdane tragovima češlja. Nekoliko kapi vode mu je ostalo na čelu, sa obe strane nosa. Čim je seo, prstom je pozvao kelnera i, gledajući u jelovnik dok se češkao po nosu, naručio tri pimsa. Volite pims, zar ne? Reče on, odjednom uznemiren, pridižući se sa stolice da pozove momka. Volim, volim, rekoh ja. On nemarnim, brzim, malaksalim pokretom ruke, dade znak momku da se udalji. Zatim prekrsti noge i osmehnu mi se. Žena mog lekara, i ona istuširana, stigla je na terasu skoro u isto vreme kada i pims. Dok je momak raspoređivao čaše po stolu, sela je pored nas, opružila noge na stolicu, pognula se da zabaci kosu unazad. Momak se udaljio sa svojim poslužavnikom. Moj lekar je otpio gutljaj pimsa, obazreo se oko sebe i rekao da je to sreća.

31) Ispio sam svoju čašu i ustao. Prešao sam preko terase, ušao u paviljon i našao se u sali restorana u svetlom drvetu, u čijem dnu je, u polumraku, barmen prao čaše. Pošto sam pogledao oko sebe, zatražio sam od njega da mi potvrdi da se

toaleti nalaze u podrumu i krenuo niz stepenice. Dole, u vrlo mračnom veštački osvetljenom hodniku nalazilo se nekoliko vrata, garderoba, lavabo.

32) Stojeći pred pravougaonim ogledalom u toaletu, posmatrao sam svoje lice, koje je osvetljavala žuta svetiljka iza mojih leđa. Deo očiju bio je u senci. Posmatrao sam svoje lice tako podeljeno svetlošću, gledao sam ga uporno i postavljao sebi jednostavno pitanje. Šta radim ovde?

33) Vrativši se na terasu, ostao sam da stojim pored stola mog lekara, ćutke, posmatrajući teniske terene u daljini. Moj lekar i njegova žena pozvali su me da sednem, predložili mi da jedem s njima. Odbio sam. Pošto su bili uporni, rekao sam im da moram da svratim u hotel da vidim nije li mi žena pisala. Moj odgovor ih je krajnje zbunio (moj hotel? moja žena?). Ali, pošto im nisam dugovao nikakvo objašnjenje, odmah sam se oprostio od njih (nikako pre nego što sam im još jednom zahvalio na prethodnoj večeri).

34) Putovao sam stojeći u vaporetu. Nalakćen na brodsku ogradu, posmatrao sam ljude kako sede na klupicama. Gledali su jedni druge, međusobno se uhodili. U očima koje bih slučajno sreo video sam samo neodređeno neprijateljstvo, koje čak nije ni bilo upereno protiv mene.

35) Kad sam ušao u hotelsko predvorje, imao sam osećaj da poznajem to mesto. Drvenarija je bila uglačana voskom, pliš na foteljama usijan. Moji

koraci po tepihu proizvodili su baršunast zvuk. Recepcioner je i dalje bio za svojim pisaćim stolom, nepomerljiv, sa sedefnim naočarima ravno postavljenim na nosu. Prišao sam i pitao ga ima li pošte za mene. Nema. Njegov ton, začudo, bio je neprijatan; kao da je, otkrivši u trenutku da sam još u Veneciji, poželeo da promenim hotel.

36) Malo sam tumarao okolnim ulicama. Bile su puste. Radnje su bile zatvorene, metalne rešetke pokrivale su izloge. Našao sam na neki otvoren bar, pojeo sendvič na hlebu bez korice sa paradajzom i tunjevinom.

37) Vrativši se u svoju sobu, u bolnici, iznenadio sam se kad sam zatekao nekoga kako leži u krevetu do mog. Odmah sam ponovo izašao da se raspitam na prijemnom. Dežurna bolničarka slabo je razumela francuski. Objasnio sam joj, ipak, da je u mojoj sobi neki bolesnik. Zatim sam je pomirljivim glasom upitao nije li moguće da se on nekud premesti, ili da mi promene sobu, bio sam sasvim spreman da se sam preselim ako je tako jednostavnije. Bolničarka je otvorila registar, prelistala ga; zamolila me da budem ljubazan da sačekam nekoliko trenutaka i vratila se sa glavnom sestrom. S njom nisam bio baš u najboljim odnosima. Takođe, kada me je odmah odbila, jedva učtivo – izgledalo je kao da je ljuti što je uznemiravaju – nisam hteo da navaljujem.

38) Rešio sam da se vratim u Pariz.

39) Na aerodromu – Marko Polo – upoznao sam nekog Sovjeta. Sedeći pored mene u kružnoj čekaonici, nagnut napred, čekao je avion za Lenjingrad, preko Rima. Bio je to čovek od pedesetak godina, snažan, nosio plave brčiće, guste, koso podsečene. Pošto je bio jednako poliglota kao i ja, ali sa drugačijim specijalnostima (ruski, rumunski), nisam baš dobro razumeo – objašnjavao mi je na italijanskom – zašto je došao u Veneciju. Ali pošto smo obojica imali da izgubimo po više sati na ovom aerodromu, pošto smo jedan pored drugoga procunjali po udaljenom delu hola, našli smo se za šankom da popijemo neko pivo. Stojeći pred svojim čašama, između dva ćutanja tokom kojih je on sumnjičavo odmeravao svoje koferče, razgovarali smo o savremenoj istoriji, o politici. Posle kratkog pregleda italijanske istorije dvadesetog veka (Gramši, Musolini), naručili smo još po jedno pivo. Zatim, prešavši na istoriju njegove zemlje, što je delikatnije pitanje usled ropstva, rekosmo Hruščov, Brežnjev. Ja sam citirao Staljina. On zamišljeno otpi gutljaj piva i, sa fatalističkim izrazom, nesumnjivo želeći da promeni temu razgovora, kroz prozorsko okno mi je pokazao pistu za uzletanje. Naši avioni su najavljeni. Pre nego što smo otišli do izlaznih kapija, srdačno smo jedan drugom stisnuli ruku.

40) U avionu, seo sam blizu sredine prolaza, najdalje moguće od repa i kljuna, i prilikom uzletanja osluškivao svaki šum, budno motrio na mirise. Kad god bi se neko u kabini pomerio, proveravao sam da ne puši. Ne bih li se ohrabrio, po-

smatrao sam stjuardese, koje nisu izgledale naročito zabrinute. Ne, išle su tamo-amo sa osmehom, kao da se nalaze u vozu. Kad je avion počeo da se spušta, sinusi su ponovo počeli da me muče; nabirao sam čelo od bola i, tokom sletanja, prikovan za sedište, iz sve snage sam stezao ruku svoje susetke, neke italijanske gospođe, elegantne, koja mi se sa snebivanjem osmehivala.

41) Na aerodromu – Orli – pošao sam za rekom putnika koji su išli da pokažu pasoš. Mlada pogranična policajka kojoj sam pružio svoj, pošto ga je pregledala, postavila mi je jedno pitanje. O mojoj adresi u Francuskoj? O mom odredištu? Pošto je nisam slušao (pogled mi se spustio na revolver koji je nosila o boku) dao sam neodređen odgovor koji me ni na šta nije obavezivao. Ona je smesta digla glavu, nepoverljivog pogleda. Šalite se sa mnom? rekla je. Nikako, odgovorio sam. Ona mi je suvo vratila pasoš. Prođite, kazala je, i ne zaboravite da ste ovde u stranoj zemlji.

42) Vukao sam se aerodromskim hodnicima, seo u neku čekaonicu, nisam znao šta ću.

43) Pozvao sam telefonom Edmondson iz javne govornice. Javila se. Glas joj je bio dalek, bez topline. Govorila je neutralnim tonom, pričala šta je radila tokom vikenda. Pitao sam je mogu li da se vratim. Mogu, ako hoću, mogu da se vratim. Pre nego što je prekinula vezu, rekla mi je da će ostaviti ključ ispod otirača, pošto mora ponovo da iziđe.

44) Pošta se nagomilala tokom mog odsustva iz Pariza. Među gomilom koverata koji su u neredu ležali na mom pisaćem stolu, prepoznao sam pismo od T., koje sam otvorio u hodniku, idući ka kupatilu. Pisao mi je kako me je uzaludno zvao telefonom u više navrata i tražio da ga hitno pozovem čim se vratim. Skinuo sam košulju i pustio da mi se puni kada.

45) Sledećeg dana nisam izlazio iz stana.

46) Otkako sam počeo da provodim popodneva u kupatilu, u mom držanju više nije bilo razmetljivosti. Ne, ponekad sam izlazio do kuhinje po pivo, ili napravio krug po svojoj sobi i gledao kroz prozor. Ali u kupatilu sam se najbolje osećao. U prvo vreme sam čitao u fotelji, a zatim – pošto mi je došlo da čitam ležeći na leđima – opružen u kadi.

47) Edmondson je posle posla dolazila da mi se pridruži i ispriča mi kako je provela dan, govorila o slikama izloženim u njenoj galeriji. Rana joj je na kraju zarasla. Modrica koja joj je oplavila čelo činila ju je šarmantnijom, činilo mi se, ali sam se ustezao da joj na to skrenem pažnju.

48) Ostajao sam da ležim u kadi po celo popodne, i tamo spokojno razmišljao, zatvorenih očiju, s osećajem čudesne umesnosti kakvu daje misao koju uopše nema potrebe izražavati. Ponekad bi Edmondson naglo ušla u kupatilo i ja bih, iznenađen, poskočio u kadi (što je nju uveseljavalo). Tako je jednog dana uletela u prostoriju i

ne ostavljajući mi vremena da se uspravim, okrenula se na peti i pružila mi dva pisma. Jedno od njih je bilo iz ambasade Austrije.

49) Da li bi trebalo, počeo sam da se pitam, i radi čega, da odem na prijem u ambasadu Austrije? Sedeći na ivici kade, objašnjavao sam Edmondson da možda nije baš zdravo, sa dvadeset sedam godina, uskoro dvadeset devet, živeti manje-više samotnjački u kadi. Morao sam da rizikujem, rekao sam oborenog pogleda, milujući emajl na kadi, da rizikujem da ugrozim mir svog apstraktnog života zato što. Nisam završio rečenicu.

50) Sutradan sam izišao iz kupatila.

O PISCU I DELU

„Žan-Filip Tusen rođen je u Briselu, 29. novembra 1957. godine. Studirao je istoriju i političke nauke. Bio je juniorski šampion sveta u skrablu (Kan, 1973). Pravi masakr." Ovako pisac sam sebe predstavlja. Osim ovoga, znamo još da je u Briselu proveo detinjstvo i pošao u školu, i da se u trinaestoj godini preselio u Pariz, pošto mu je otac prešao da radi tamo. U Parizu se školovao, a potom otišao u Alžir, služeći vojni rok kao nastavnik francuskog jezika. Kasnije je živeo u Madridu, Berlinu, četiri meseca proveo u Kjotu. Tokom svih tih godina, Pariz i Korzika su bili mesta koja je smatrao svojom kućom. Od pre deset godina ponovo živi u Briselu.

Napisao romane *Kupatilo* (1985), *Gospodin* (1986), *Foto-aparat* (1989), *Ustezanje* (1991), *Televizija* (1997), *Autoportret (u inostranstvu)* (2000), *Vođenje ljubavi* (2002) i upravo objavio *Pobeći* (2005), od prvog do najnovijeg u izdavačkoj kući *Minuit*. Knjige su mu prevedene na više od dvadeset jezika: na engleski i japanski, kao i na nemački, italijanski, španski, ruski, turski, srpski jezik. Posle kod nas, 2004, prevedenog *Vođenja ljubavi*, *Kupatilo* je drugi prevod nekog Tusenovog romana na naš jezik.

Tusen je i sineasta: pošto je 1989. sarađivao na snimanju filma po svom romanu, *Kupatilo*, i sam je počeo da režira filmove. Iste godine je snimio *Gospodina*, a zatim *Seviljanu* (1992), *Berlin u 10 i 46* (1994), *Klizalište* (1999).

Bavi se i fotografijom, i izlagao je u Briselu, Kjotu, Osaki.

„Kako marginalna, zanemarena, frankofona književnost – književnost frankofone Belgije – uspeva da obezbedi sebi status u okviru francuskog kanona? Takav susret između Davida i Golijata mogao bi se otkriti kod belgijskog romansijera Žan-Filipa Tusena u njegovom *Kupatilu*", zabeležio je nedavno jedan američki prikazivač Tusenovih romana.

Jedan od proučavalaca Tusenovog dela tvrdi da je ceo roman proizišao iz Paskalovih *Misli*: Po njemu, *Kupatilo* je roman koji „stoji u intertekstualnoj vezi s Paskalovim *Mislima*, kao roman o čoveku koji pokušava da se okrene od sveta i njegovih nemira i povuče se u kontemplativnu samoću svog kupatila; ... prepoznajemo varijaciju Paskalovog okretanja leđa svetu i njegovog povlačenja u samoću i kontemplaciju. Osim toga, i sam oblik Tusenove proze, u nizovima numerisanih fragmenata, ukazuje nam na daljnu vezu sa Paskalom, jer to je oblik koji su izdavači dali posthumno sabranim Paskalovim *Mislima*".

Tusen poriče valjanost takvih tumačenja i u jednom intervjuu iz 2002. godine kaže: „To mi je došlo tek onako. Počeo sam da pišem i odjednom sam poželeo da u interpunkciju teksta uvedem numeraciju. Grafički, ideja mi se učinila zanimljiva. Time ne ukazujem na nekakvu refleksiju, niti na takvo čitanje. Nema tu ničega teorijskog."

Kupatilo počinje doslovnim citatom citata iz francuskih rečnika, vezanim za objašnjenje reči *butoir*, štitnik: „Govorio sam sa velikim pokretima, nalazeći da su najpraktičnije kade one sa paralelnim ivicama, nagnutog dela za leđa, i ravnog dna koje korisnika lišava potrebe za štitnikom koji sprečava klizanje."

Od kakvog klizanja se štiti junak *Kupatila*? Gde se boji da će se okliznuti? Šta treba da zaključimo o čoveku koji ne želi ništa drugo nego da provede ostatak života u kadi, čoveku koji organizuje imaginarne međunarodne turnire u pikadu u svojoj hotelskoj sobi, čoveku koji, uvidevši da Venecija polako tone u more, skače po trotoarima kako bi ubrzao proces; čoveku koji želi da mu život liči na Mondrijanovu sliku, kome je maternji jezik francuski ali Paskala čita u engleskom prevodu?

Nespreman na žestinu savremenog života, bezobličan u svetu koji traži formu i prezire sadržinu, toliko lenj da se samo izležava, on predstavlja parodiju čoveka od akcije. Odbijajući gotovo sve (mada ni to ne čineći previše odlučno), po svojim sklonostima on je kvijetista koji iznad svega traga za duševnim mirom. Nevolja je u tome što ga traži u kupatilu. On zna da život u kadi i nije pravi život, onakav kakvim ga većina ljudi zamišlja. I sluti da bi zaista trebalo da izide iz kupatila i izloži se rizicima. Ipak, nikako ne može da natera sebe da učini taj korak: štaviše, kada treba da iskaže tu nameru do kraja, zanemi, i vrati se u začarani trougao.

A. M.

Izdavačko preduzeće
RAD
Beograd, Dečanska 12

*

Glavni urednik
NOVICA TADIĆ

*

Grafički urednik
MILAN MILETIĆ

*

Lektor i korektor
NADA GAJIĆ

*

Nacrt za korice
JANKO KRAJŠEK

Digitalizacija slova
DARKO STANIČIĆ

*

Za izdavača
SIMON SIMONOVIĆ

*

Štampa
Elvod-print, Lazarevac

CIP – Каталогизација у публикацији
Народна библиотека Србије, Београд

821 . 133 . 1 - 31
821 . 133 . 1 . 09 Тусен Ф. Ж.

ТУСЕН, Жан-Филип
    Kupatilo : roman / Žan-Filip Tusen [sa francuskog prevela
Milica Stojković]. – Beograd : Rad, 2005 (Lazarevac : Elvod-print).
– 96 str. ; 21 cm. (Biblioteka Reč i misao ; knj. 566)

Prevod dela: La bain de salle / Jean-Philippe Toussaint. –
Tiraž 1.000. – Str. 93-95: O piscu i delu / A. M. [Aleksandra Mančić]

ISBN 86-09-00891-6

COBISS.SR-ID 125451788